PHIL CALLAWAY

Was macht das Stinktier im Kofferraum?

Wie man lacht, auch wenn einem das Leben
gerade gewaltig stinkt

Aus dem Amerikanischen
von Elke Wiemer

Brendow.
VERLAG + MEDIEN

Bibliografische Information der Deutschen Nationalbibliothek
Die Deutsche Nationalbibliothek verzeichnet diese Publikation in der
Deutschen Nationalbibliografie; detaillierte bibliografische Daten
sind im Internet über www.d-nb.de abrufbar.

ISBN 978-3-86506-364-9
© der deutschsprachigen Ausgabe 2011 by Joh. Brendow & Sohn
Verlag GmbH, Moers

Originally published in English under the title: Laughing Matters
by Phil Callaway.
Copyright © 1995, 2005 by Phil Callaway
Published by Multnomah Books
an imprint of The Crown Publishing Group
a division of Random House, Inc.
12265 Oracle Boulevard, Suite 200,
Colorado Springs, Colorado 80921 USA

International rights contracted through:
Gospel Literature International
P.O. Box 4060, Ontario, California 91761-1003 USA
This translation is published by arrangement with
Multnomah Books, an imprint of The Crown Publishing Group,
a division of Random House, Inc.
Übersetzt von Elke Wiemer

Einbandgestaltung: Brendow Verlag, Moers
Titelillustration: iStockphoto/Fotolia
Satz: Satzstudio Winkens, Wegberg
Druck und Bindung: CPI – Clausen & Bosse, Leck
Printed in Germany
www.brendow-verlag.de

Für Ramona

Eigentlich wollte ich nicht witzig sein.
Ich wollte gut aussehend und stark sein.
Du hast mich so geliebt, wie ich war.
Wenn ich gewusst hätte, dass es so schön wird …
hätte ich dich schon in der dritten Klasse gefragt,
ob du mich heiratest.

Inhalt

Eine schwere Geburt

Nachdem ich drei Kinder großgezogen und ein Dutzend Bücher geschrieben habe, fühle ich mich qualifiziert, eine tiefe Erkenntnis weiterzugeben. Ich glaube, ein Buch zu schreiben, ist für einen Mann so ähnlich, wie für eine Frau ein Kind zu bekommen. Neun Monate habe ich dieses Kind mit mir herumgetragen. Ich habe nicht immer vernünftig reagiert. Manchmal habe ich mitten in der Nacht genascht. Am liebsten Eis und Essiggurken. Wenn ich beides durcheinander gegessen habe, war mir morgens übel. Wie jedes Projekt von solchem Umfang wäre es nicht möglich gewesen ohne die Fürsorge, Pflege und Unterstützung durch den Pizzamann.

Ich möchte auch meiner Frau, Ramona, danken, die immer wieder zu mir gesagt hat: »Tief durchatmen, Schatz, so wie du es zu mir gesagt hast bei der Geburt, bevor du ohnmächtig geworden bist.« Auch Jeffrey, Rachael und Stephen bin ich sehr dankbar. Sie sind drei wunderbare Teenager, die mich so sehr lieben, dass sie sogar ihre Musik leiser drehen, wenn ich schreiben will (Musik, die sich anhört, als bearbeite jemand eine Katze mit dem Staubsauger).

Einen herzlichen Dank an die fleißigen Beter auf meiner Liste und an meine Eltern, die mehr auf den Knien von mir gesprochen haben als irgendwo sonst. Ich ziehe den Hut vor meinen Freunden am Prairie Bibel Institut, ganz besonders vor Dan und Lynn, Tim und Ruth, Vance und Sherri und Ahab und Isebel, den beiden Labrador Retrievern, an denen ich jeden Tag vorbeigehe. Sie sorgen dafür, dass ich rechtzeitig zur Arbeit komme.

Wenn Sie schon einmal eine Schildkröte auf einem Zaunpfahl gesehen haben, dann wissen Sie, dass sie da nicht alleine hingekommen ist, deshalb möchte ich mich bei den Leuten von Multnomah bedanken. Sie haben das Kind vom ersten Tag an umsorgt, haben regelmäßig Ultraschallaufnahmen gemacht und oft gesagt: »He, ich glaube, das da ist ein neues Kapitel. Es bewegt sich.« Don Jacobson glaubte, dass die Welt diese Botschaft hören muss, und dass ein Humorist sie am besten rüberbringen kann. Danke, Don. Cliff Boersma stand mir mit wertvollem Rat und einem netten Vorschuss zur Seite. Jennifer hielt in ihrer sanften Hand einen großen Radiergummi. Euch allen danke ich, dass ihr mir auf den Zaunpfahl geholfen habt.

Vor allem aber möchte ich Gott danken, der mir die Gabe der Freude geschenkt hat. Hätte er mir nicht diese Gabe gegeben, würde ich jetzt in einem Heim für geistig Verwirrte sitzen und Vogelhäuschen basteln. Es ist einfach unglaublich, dass ich jetzt meinen Lebensunterhalt mit etwas verdiene, das mich während meiner ganzen Grundschulzeit nur in Schwierigkeiten gebracht hat (nämlich andere zum Lachen zu bringen). Danke, Herr, dass du einen eingefleischten Heuchler komplett auf den Kopf gestellt hast und mich jetzt gebrauchen kannst. Ich hoffe, dass ich mit allem, was ich schreibe, meine Dankbarkeit zeigen kann.

Einleitung

Alles ist witzig, solange es jemand anderem passiert.
WILL ROGERS

Es war der schönste Tag meines Lebens. Es war der schlimmste Tag meines Lebens. Freitag, der 28. August. Unser zehnter Hochzeitstag. Eine Woche zuvor hatte ich im Delta Bow Valley Hotel angerufen und Zimmer 1716 reserviert. Der Manager fragte mich, warum ich ausgerechnet dieses Zimmer haben wolle, und so erklärte ich ihm: »Unser Irish Setter brachte auf dem Bett einen hübschen Wurf zur Welt. Diesmal bringen wir unseren Bernhardiner mit.«

Zum Glück konnte er darüber lachen.

»Ehrlich gesagt«, sagte ich mit einem Lächeln in der Stimme, »hat unsere Ehe in diesem Zimmer einen großartigen Anfang genommen, und wir würden gerne etwa alle zehn Jahre einmal wiederkommen, wenn wir dürfen.« Er versicherte mir, dass wir das durften, und dass auch ein paar kleine Überraschungen auf uns warten würden. Die erste Überraschung war, dass das Zimmer jetzt 119 Dollar kostete statt der 39 Dollar, die wir vor zehn Jahren bezahlt hatten. Ich legte auf und bestellte als nächstes Karten für die Oper *Les Misérables*, die schon Millionen gesehen haben, die aber niemand richtig aussprechen kann.

»Ich brauche Ihre Kreditkartennummer«, sagte der Kartenverkäufer.

»Wie viel kostet das?«, fragte ich und zog eine abgenutzte Visa-Karte aus dem Geldbeutel.

»70 Dollar.«

Instinktiv klammerte ich mich an meine Brieftasche. »Äh … pro Reihe?« »Nein, pro Platz, Sir«, erwiderte er humorlos.

259 Dollar später hatte ich das perfekte romantische Wochenende geplant. Eine 24-Stunden-Feier für eine Liebe, die vor 15 Jahren begonnen hatte, als eine schüchterne Blonde aus einem tausend Meilen entfernten Ort ins Nachbarhaus gezogen war, und ich daraufhin Galater 5,14 zu meinem Motto während meiner High-School-Zeit erklärte:

Liebe deinen Nächsten wie dich selbst.

Fünf Jahre lang waren wir mal zusammen und mal nicht (immer dann nicht, wenn sie es beschloss), bis wir an einem wunderbaren verregneten Augusttag die Sache fest machten. Zehn Jahre später hatten wir drei wunderbare Kinder und mehr Freude in unserer Ehe erlebt, als wir uns je hätten vorstellen können. Aber als ich an jenem Tag meine Visa-Karte wieder einsteckte, merkte ich, dass viel von dieser Freude verflogen war.

Ob uns dieses Wochenende wohl helfen würde, die dunklen Wolken zu vergessen, die sich in den letzten fünf Monaten über uns zusammengezogen hatten?

Ich bezweifelte es.

Es ist seltsam, ein Komiker zu sein und zuzusehen, wie die Leute bei den Geschichten und Witzen, die man erzählt, vor Lachen vom Stuhl fallen, während man sich fragt: *Wann wird es mir einmal so gehen? Wann werde ich wieder lachen? Wann werden die Raubvögel über meinem Kopf verschwinden, und wann wird die Freude zurückkehren?*

In jenem Jahr im März waren Ereignisse eingetreten, die weder wir noch ein Dutzend Ärzte erklären konnten. Ereignisse, die uns in die Knie gezwungen und manchmal auch in die Verzweiflung getrieben hatten. In meinem Buch *Making Life Rich Without Any Money* (Reich sein ohne Geld) erzähle ich, wie ich an einem winterlichen Tag nach Hause kam und unsere Kinder in der Küche gerade dabei waren, sich ganz alleine in einer Schüssel etwas zu Essen zu machen. Unser Ältester, Stephen, sah mit angsterfülltem Blick zu mir auf und fragte: »Wird Mama sterben?«

Im Wohnzimmer lag Ramona bewusstlos in einer Blutlache, die aus einem langen Riss an ihrem Bein kam. Sie hatte gerade zum ersten Mal in ihrem Leben einen Anfall gehabt. Den ersten von Hunderten, die noch kommen sollten.

Auf der langen Fahrt mit dem Krankenwagen in die nächste Stadt fragte ich mich, wie wohl die Zukunft aussehen würde. Bis jetzt war in meinem Leben so ziemlich alles glattgegangen. Schmerz kannte ich nur aus dem Leben anderer. Auf ihre Fragen hatte ich schnelle Antworten und auch noch die passenden Weisheiten parat. Aber als ich auf das einzige Mädchen sah, das ich je geliebt hatte, wusste ich, dass meine Welt nicht mehr dieselbe sein würde. Gestern war Ramona noch so voller Leben gewesen und hatte mir mit einem fröhlichen Lachen auf dem Gesicht einen Willkommenskuss aufgedrückt. Jetzt lag sie reglos da, mit blauen Lippen, und ihr hübsches Gesicht war aschfahl. Ich hielt ihre leblose Hand, starrte aus dem Fenster, und die Tränen liefen mir übers Gesicht.

»Oh Gott«, betete ich, »bitte tu etwas.«

Aber Gott schien mich nicht zu hören.

In den darauf folgenden Monaten gab es eine endlose

Reihe von Untersuchungen bei Ärzten und Spezialisten, Krankenhausaufenthalte und das frustrierende Gefühl, mit einem Damoklesschwert über unseren Köpfen zu leben. Ramona hatte nicht nur mit diesen Anfällen zu kämpfen, sondern eine Krankheit, von der ich Ihnen in Kapitel 1 noch näher erzählen werde, war über ihre Familie hereingebrochen.

Eines Tages saß ich in meinem Arbeitszimmer und wurde gerade von einem nationalen Radiosender interviewt. Eine Frage des Moderators erregte meine Aufmerksamkeit: »Wie schaffen wir es, in schweren Zeiten unseren Humor nicht zu verlieren?« Ich kam ein wenig ins Stottern, brachte dann aber doch eine befriedigende Antwort zustande. Als das Interview vorüber war, kam ich aus meinem Arbeitszimmer und fand Ramona wieder einmal auf dem Boden im Wohnzimmer.

Die Anfälle wurden schlimmer. Als es August war, hatten wir uns damit abgefunden, dass das einzig Beständige in unserem neuen Leben die Unsicherheit war. Sorgenvolle Tage und schlaflose Nächte raubten unserer Familie allmählich das Lachen, und ich begann, mich mit einem neuen und unangenehmen Gast anzufreunden. Nach außen wirkte ich standhaft, stark, ja sogar fröhlich. Aber innerlich breitete sich die Bitterkeit in unserem Leben aus wie der kalte, nasse Regen an der Ostküste.

Das Wochenende unseres Hochzeitstages war das erste Wochenende seit März, an dem wir für uns waren, und darauf hatte ich mich schon seit Wochen gefreut. Vielleicht würde der Regen in unserem Leben für ein paar Tage nachlassen. Vielleicht würde sogar die Sonne durchkommen.

Als wir auf den Parkplatz fuhren, starrten wir zu einem riesigen Plakat am Theater hinauf, auf dem *Les Misérables* stand. »Das sollten wir daheim an die Hauswand hängen«, sagte ich zu Ramona. »Genauso fühle ich mich zurzeit. Vielleicht geht es in dem Stück um uns.« Sie lachte.

Nachdem ich schon drei verschiedene Filmversionen gesehen und Victor Hugos dicken Klassiker zum größten Teil auch gelesen hatte, war ich jetzt neugierig auf die Bühnenfassung.

Ich hatte keine Ahnung, wie sehr mich das Stück treffen würde.

Und wie sehr es auf unsere jetzige Situation zutraf.

Les Misérables erzählt die Lebensgeschichte von Jean Valjean, der in ein französisches Gefängnis geworfen wird, weil er einen Laib Brot gestohlen hat. Als er nach 19 Jahren auf Bewährung freigelassen wird, muss er feststellen, dass er durch seine Vergangenheit zu einem Leben als Ausgestoßener verdammt ist. Der einzige Mensch, der sich mit ihm anfreundet, ist ein bescheidener Bischof. Aber verbittert durch die langen Jahre im Gefängnis vergilt Valjean dem Bischof seine Freundschaft eines Nachts damit, dass er ihm sein Tafelsilber stiehlt. Die Polizei fängt ihn und bringt ihn zurück. Mit gesenktem Kopf steht er vor dem Bischof, dazu verdammt, den Rest seines Lebens im Gefängnis zu verbringen.

»Wir haben bei diesem Mann einen Silberteller gefunden«, sagt einer der Polizisten. »Den hat er wohl bei Ihnen gestohlen, oder nicht?«

Der Bischof hält einen Moment inne. Er kennt Valjeans Vergangenheit und fragt sich, wie seine Zukunft wohl aussehen wird. Dann sagt er etwas, was niemand erwartet hatte.

»Nein, ich habe ihm die Sachen geschenkt. Aber ich bin froh, dass Sie ihn noch einmal hergebracht haben, denn er hat vergessen, die silbernen Kerzenständer mitzunehmen.«

Als die Polizisten gegangen sind, fällt Valjean dem Bischof zu Füßen. Er bringt kein Wort heraus. Sein Gesicht ist tränenüberströmt. Überwältigt von so viel Gnade schwört Valjean, dass er von nun an ein anderer Mensch sein will.

Schon bald wird er ein erfolgreicher Fabrikbesitzer und wird an seinem neuen Wohnort hoch geehrt. Aber eines Tages kommt Inspektor Javert in die Stadt, Valjeans Erzfeind aus seiner Zeit im Gefängnis. Javert, der selbst vor seiner Vergangenheit davonläuft, hat noch eine alte Rechnung zu begleichen. Von da an verfolgt er seinen Feind, Valjean, und ist wild entschlossen, seine Schuld zu beweisen und dafür zu sorgen, dass er wieder im Gefängnis landet. Aber Valjean hält sich an sein Gelübde. Er rächt sich nicht an Javert, was diesen nur noch wütender macht. Voller Liebe adoptiert Valjean ein Kind und setzt später sein eigenes Leben für den Verlobten seiner Tochter aufs Spiel. Während der ganzen Geschichte überwindet er das Böse immer wieder mit dem Guten, entscheidet sich für die Freude, statt bitter zu werden, und überwindet schließlich sogar seinen Erzfeind Javert mit der Liebe Gottes.

Als schließlich der Vorhang zufiel, saß ich weinend da, so sehr hatte mich diese Geschichte von Gnade und Vergebung berührt. Sie müssen wissen, dass ich normalerweise nicht nah am Wasser gebaut bin. Das letzte Mal habe ich geweint, als ich in der vierten Klasse war und der Hund in meiner Lieblingsserie, *Old Yeller*, eines Samstagnachmittags starb. Aber jetzt stellte ich mir zum ersten Mal eine Frage, die mein ganzes Leben verändern sollte: *Wie wollte ich werden? Wie Valjean oder wie Javert?*

An diesem Abend saßen wir in unserem 119 Dollar teuren Hotelzimmer, aßen Erdbeeren mit Schokoüberzug (ein Geschenk des Hauses), sprachen über die Hauptdarsteller und fragten uns: Was unterscheidet die, die auferstehen, von denen, die untergehen? Was unterscheidet die, die aufgeben, von denen, die triumphieren?

Sieben Jahre lang war ich jetzt auf der Suche nach der Antwort auf diese Frage.

In dieser Zeit habe ich viel über Menschen und Geschichten, die ich kenne, nachgedacht. Ich habe über biblische Wahrheiten nachgedacht, die mir auf dem Weg zur Freude helfen könnten. Das Buch, das Sie jetzt in den Händen halten, erzählt meine eigene Geschichte, aber auch die von vielen anderen, die durch noch schwierigere Zeiten gehen als ich und entdeckt haben, dass Lachen lebensnotwendig ist und dass es immer einen Grund zur Freude geben wird. Während meiner Recherchen für dieses Buch wurde mir klar, dass diese Menschen fünf wichtige Eigenschaften haben, die man unbedingt braucht, um ein Leben voller Freude zu leben. Wenn Sie unerwartetes Unglück getroffen hat, so können diese Eigenschaften wieder Lachen in Ihr Leben bringen und Ihnen helfen, so durchs Leben zu gehen, wie Valjean es tat.

Ich übertreibe nicht, wenn ich sage, dass diese fünf Eigenschaften mein eigenes Leben von Grund auf verändert haben. Sie haben mir Freude, Frieden und Hoffnung gegeben.

Ich kann es kaum erwarten, Ihnen zu erzählen, welche fünf Eigenschaften das sind.

Teil 1

Die Welt ist voller Kakteen ...
Aber wir müssen uns ja nicht draufsetzen

*Lache viel, dann hast du im Alter die Falten am
richtigen Fleck.*

*Die Schwierigkeiten bedrängen uns von allen Seiten,
und doch werden wir nicht von ihnen überwältigt.
Wir sind oft ratlos, aber nie verzweifelt. Von Menschen
werden wir verfolgt, aber bei Gott finden wir Zuflucht.
Wir werden zu Boden geschlagen, aber wir kommen
dabei nicht um.*
2. KORINTHER 4,8-9

Man muss nicht erst in die Wüste gehen, um zu entdecken,
dass die Welt voller Kakteen ist. Als ich etwa zehn Jahre alt
war, verlor mein Gokart die Räder, als ich gerade einen steilen Hang hinunterraste. Je älter wir werden, desto schlimmer
kann es kommen. In dieser kaputten Welt überkommen uns
schmerzhafte Erlebnisse. Eine schockierende Arztdiagnose,
der Tod eines geliebten Menschen, die Bankenkrise. Wir sind
von unserem eigenen Versagen oder von anderen enttäuscht
oder stecken in widrigen Umständen.

Eines Nachts, als ich versucht war, mich meinem Elend
hinzugeben, schrieb ich folgende Zeilen in ein Tagebuch:

In letzter Zeit scheint Gott das Wasser, durch das ich gehe, einen Zentimeter höher steigen zu lassen, als ich groß bin. Aber ich habe eine überraschende Entdeckung gemacht. Der Sturm, der über mich hinwegfegt, kann mich auch aus dem Wasser, ans andere Ufer treiben, auf Neuland. Er kann mir all meine Sicherheit nehmen, meine schönsten Pläne zunichtemachen und meine kleine Nussschale zum Kentern bringen. Der Fels, an den ich mich klammere, rührt sich bei all dem Wind kein bisschen. Und ich danke Gott, dass ich meinen Blickwinkel immer noch selbst bestimmen kann. Mein Blickwinkel bestimmt, ob das hier eine schmerzhafte oder eine nützliche Erfahrung wird. Meine Einstellung kann mir helfen zu erkennen, dass mein Problem gar nicht das eigentliche Problem ist. Das eigentliche Problem ist, wie ich das Problem sehe. Muss ich vielleicht lernen, die Dinge loszulassen, die ich ohnehin nicht ändern kann, und mich auf die Dinge zu konzentrieren, die ich ändern kann?

Aber was bedeutet das im täglichen Leben?

1 Wer hat das Stinktier in den Kofferraum gesteckt?

Als Gott die Welt erschuf, erschuf er Mann und Frau.
Und damit das Ganze dann nicht zusammenbrach,
erschuf er noch den Humor.
GUILLERMO MORDILLO

Das Leben warnt uns selten rechtzeitig vor den Überraschungen, die es bereithält. Fragen Sie einmal Patricia und Christopher Smith. Als das Ehepaar kürzlich mit seinen beiden Söhnen ein Zimmer in einem Maryland Comfort Inn nahm, freuten sie sich auf ein warmes Bett, ein heißes Bad und vielleicht ein paar extra Shampoofläschchen, die sie mit nach Hause nehmen konnten.

Aber sie bekamen weit mehr, als sie bezahlt hatten.

Um halb zwei nachts wachte Christopher auf und wollte den Fernseher ausschalten. Da entdeckte er, dass der Teppich sich bewegte. Wenn Sie gelegentlich mal in einem Hotel übernachten, dann wissen Sie, dass das kein gutes Zeichen ist. Es stellte sich heraus, dass der Teppich eine lebendige, drei Meter lange Königsboa war, die, soweit Christopher wusste, nicht in der Werbebroschüre des Hotels aufgeführt war.

Er hatte drei Möglichkeiten:

1. Er konnte seine Frau aufwecken und sie bitten, ihm seine Hausschuhe zu holen, die im Bad waren.
2. Er konnte versuchen, wieder einzuschlafen.
3. Er konnte das Hotelzimmer früher als geplant verlassen.

Die Familie entschied sich für die dritte Möglichkeit, ohne dabei noch einmal unter dem Bett nachzusehen, ob sie auch nichts vergessen hatten. Dann riefen sie die Polizei. Die Schlange konnte in die Enge getrieben und in einen großen Mülleimer bugsiert werden. Aber erst nachdem die Smiths, ebenfalls in die Enge getrieben, die Nacht im nächsten Seven-Eleven-Laden verbracht hatten. Sie beschrieben es als »grausame Qual« (was ich nicht bestreiten will), gingen in therapeutische Behandlung und verklagten den Mutterkonzern des Hotels auf 1,5 Millionen Dollar wegen »Fahrlässigkeit und vorsätzlicher seelischer Grausamkeit«.

Ich muss zugeben, dass ich genauso wenig von Reptilien begeistert bin wie die Smiths. In der dritten Klasse habe ich einmal zugesehen, wie ein Freund Mrs. Hill einen Salamander in die Bluse gesteckt hat. (Wenn Sie das lesen, Mrs. Hill, dann hoffe ich, dass Sie sich auch an meine besseren Seiten erinnern und keine rechtlichen Schritte einleiten werden.) Aber anfassen wollte ich den Salamander nicht. Ich war nur der Anstifter. Aber der beste Streich, an dem ich je beteiligt war, war, als mein Freund Bobby und ich es schafften, ein Stinktier in den Kofferraum des Autos von unserem Nachbarn zu stecken.

Wenn Sie vorhaben, sich selbst einmal dieses Vergnügen zu gönnen, sind drei Dinge äußerst wichtig:

1. Ein Stinktier (am besten ein totes),
2. die Autoschlüssel, die im Zündschloss des Autos stecken sollten,
3. und völlige Dunkelheit.

Damals, in der dritten Klasse, war Mr. Finney unser Sonntagsschullehrer, und er war der schreckhafteste Mensch, an den ich mich je von hinten angeschlichen und laut geniest habe. Er konnte auch sehr gut Akkordeon spielen, und er hatte einen Piepser – was ich für etwas übertrieben hielt bei einem Akkordeonspieler.

Samstags polierte Mr. Finney immer seinen alten Ford Fairlane, bis man die Initialen, die die Nachbarskinder auf die Motorhaube geritzt hatten, kaum noch sehen konnte. Mr. Finney war ein seltsamer Mensch. Er polierte so ziemlich alles, was ihm wichtig war, und er war so korrekt gekleidet, dass man nicht einmal einen verrutschten Manschettenknopf an ihm finden konnte.

Was wir nicht wussten, war, dass die Familie Finney am nächsten Tag in Urlaub fahren wollte. Mr. und Mrs. Finney mit ihren Kindern Joshua und Josiah hatten alles sorgfältig vorbereitet und gepackt, was sie für einen friedlichen Urlaub, weit weg von allen Sorgen unserer Kleinstadt, brauchen würden.

Als sie schliefen, legten Bobby und ich das Stinktier an seine letzte Ruhestätte, schlossen vorsichtig wieder den Kofferraumdeckel, steckten die Autoschlüssel wieder ins Zündschloss und schlichen uns auf Zehenspitzen wieder nach Hause mit Ausreden, um den Gestank zu erklären.

Wenn man jung ist, fängt der Tag noch früh an, und so waren wir rechtzeitig hellwach, um uns zu den Finneys zu schleichen und hinter einer Fichte zu verstecken. Es dauerte nicht lange, da kamen die ahnungslosen Finneys mit erwartungsvollen Gesichtern heraus, gingen zum Gartentor und stiegen in ihren Fairlane.

Was dann geschah, werde ich niemals vergessen.

Mr. Finney drehte den Zündschlüssel um und ließ den Motor aufheulen. Dann legte er den Rückwärtsgang ein.

Nachdem er scharf gewendet hatte und etwa zehn Meter auf dem Schotter gefahren war, brachte er das Auto mit quietschenden Reifen zum Stehen, sodass die Steine in alle Richtungen spritzten. Im Wagen starrte Mr. Finney seine Frau mit gerunzelter Stirn an. Dann drehte er sich um und starrte seine Kinder vorwurfsvoll an. Schließlich stieß er die Autotür auf und schnüffelte herum. Als er den Autoschlüssel in das Kofferraumschloss steckte, hatte er einen Verdacht. Als er den Kofferraum öffnete, bestätigte er sich. Wie auch immer er es bisher geschafft hatte, nie die Fassung zu verlieren – jetzt funktionierte es nicht mehr. Er knallte den Kofferraum zu, stand mit geballten Fäusten da, trat gegen die Stoßstange, und die Ausdrücke, die er gebrauchte, waren so intensiv wie das Blau seines Autos. Bobby und ich beobachteten das Ganze von unserem Versteck hinter der Fichte und wussten nicht, ob wir lachen oder weinen sollten. Oder ob wir es unseren Müttern gestehen sollten.

Einige Zeit später erfuhr ich, dass die Finneys umzogen, aber niemand wusste so recht, warum.

Niemand außer Bobby und mir.

Was Mr. Finney, Mrs. Hill und die Smiths in diesen unvergesslichen Augenblicken entdeckten, das erfährt jeder Mensch auf seinem Lebensweg früher oder später. Manchmal kann man dem Zimmerservice nicht trauen, manchmal wird das Leben schlüpfrig, und manchmal stinkt es uns.

In den darauf folgenden Jahren habe ich gelernt, dass jeder Einzelne einmal an einen Punkt im Leben kommt, wo er ein Stinktier im Kofferraum entdeckt – irgendetwas kommt in unser Leben, das wir uns definitiv nicht ausgesucht hätten.

Aber warum knallen die einen den Kofferraum zu, treten gegen die Stoßstange und fluchen, während die anderen irgendwie doch noch etwas Lustiges daran entdecken können – wenn auch vielleicht erst Jahre später?

Der erste Schritt ist ganz bestimmt die bewusste Entscheidung für die richtige Einstellung. Zur richtigen Einstellung gehören auch immer die richtigen moralischen Entscheidungen.

Knapp ein Jahr, nachdem Ramonas Anfälle begonnen hatten, nahm ich eines Morgens auf dem Weg zur Arbeit die Zeitung mit. Sofort rief ich zu Hause an und las ihr von der Titelseite vor: »Nach einem Jahrzehnt Forschung wurde jetzt das Chorea-Huntington-Gen entdeckt. Die Hoffnungen auf eine Therapie für die tödlich verlaufende neurologische Erkrankung steigen.« Ramona hielt den Atem an.

Chorea Huntington tritt in einer von mehreren Tausend Familien auf. Wir sind eine davon.

Mit 39 Jahren kam Ramonas ältester Bruder, Dennis, in ein Pflegeheim. Sein gewinnendes Lächeln und sein herzlicher Humor waren nur noch Erinnerungen aus früheren Tagen. Zwei ihrer Schwestern hatten nun ebenfalls diese gefürchtete Krankheit. Obwohl die Krankheit bei Ramona noch nicht diagnostiziert worden war, war sie sich sicher, dass sie die Nächste sein würde.

Als die Krampfanfälle sich häuften, standen wir vor der schwierigen Frage, ob sie den Test machen lassen sollte oder nicht. Eines Tages saß mir ein weiser Arzt gegenüber, der mir von seinen eigenen Problemen erzählte. Seine Frau wurde vom Krebs zerfressen. Er hatte die Diagnose selbst gestellt. »Phil«, sagte er, und hatte Tränen in den Augen, »als meine schlimmsten Befürchtungen sich bestätigten, stand ich vor einer ganz einfachen aber sehr weitreichenden Entscheidung. Weglaufen – oder es durchstehen. Diese Entscheidung musst du auch treffen. Ich habe schon viele Menschen beraten, die Ähnliches durchgemacht haben wie du. Für die meisten heißt das Ende ›Scheidung‹ und dann Depression und Untergang. Phil … mach das nicht.«

»Einen Baum kann man am besten beurteilen, wenn er gefällt ist«, meinte er. Das waren kluge Worte.

Am nächsten Tag saß ich mit einem Freund in einem Café, und wir machten Witze. Als die Sonne durch die Wolken drang und auf unseren Tisch schien, fragte mein Freund: »Dass du bei all dem noch lachen kannst. Wie machst du das?«

Ich nippte nachdenklich an meiner Cola. »Ich weiß auch nicht recht«, erwiderte ich. »Vielleicht sind das die Medikamente.«

Er lachte.

»Ich glaube, ich begreife allmählich, dass ich den Wind nicht bestimmen kann, aber ich kann meine Segel richtig setzen«, sagte ich. »Manche Menschen leben so, als hätten sie Limburger Käse an den Lippen – ihnen stinkt alles. Ich lerne gerade, den Käse von den Lippen zu wischen. Ich gewöhne mir eine andere Einstellung an.«

Als ich später darüber nachdachte, wurde mir klar, dass wir die Tatsache, dass wir nach all den Jahren noch lachen können, nicht uns selbst zuzuschreiben haben. Sie beweist nicht unseren Mut, sondern liegt zum großen Teil an einer einfachen Entscheidung, die wir im Sprechzimmer eines Arztes getroffen haben. Ich werde meiner Frau und meinen Kindern treu bleiben. Und ich werde mich fest an Gott klammern. Ich verstehe seine Wege nicht immer, aber ich glaube, dass er mich niemals eine Straße führen wird, die er nicht schon selbst gegangen ist. In der Bibel verspricht er uns seinen Frieden, ein Ziel und Hoffnung – ja sogar Freude – mitten in der finstersten Nacht. Dann wollen wir mal schauen, wo uns dieses Abenteuer hinführt.

Tom sieht die Dinge folgendermaßen: Mit 55 hat er bei einem Bootsunfall beide Beine verloren und musste dann zusehen, wie seine Millionen-Firma den Bach hinunterging. Eines Tages schaute Tom mich von seinem Rollstuhl im hinteren Teil der Kirche an und meinte: »Ich habe jetzt mehr Fragen an Gott, als bevor das alles passierte, aber ich weiß auch, dass die Bibel für mich noch nie so real war.« Seine Augen wurden feucht und er sah weg. Seine Frau stand hinter ihm mit den Händen am Rollstuhl.

»Tom hängt am liebsten irgendwelche Bibelverse an den Kühlschrank«, meinte sie lächelnd. »Da hängt dieses große Foto aus glücklicheren Tagen von unserer Familie vor dem Firmensitz. Gestern hat Tom einige Verse aufgeschrieben und sie unter das Bild gehängt.« Sie schlug Habakuk 3,17-18 auf und las vor:

Noch trägt der Feigenbaum keine Blüten, und der Weinstock bringt keinen Ertrag, noch kann man keine Oliven ernten, und auf unseren Feldern wächst kein Getreide; noch fehlen Schafe und Ziegen auf den Weiden, und auch die Viehställe stehen leer. Und doch will ich jubeln, weil Gott mir hilft, der Herr selbst ist der Grund meiner Freude!

»Er hat auch einen Magneten darunter gehängt, auf dem steht: ›Am dunkelsten ist es immer, kurz bevor die Kühlschranktür aufgeht‹«, meinte sie lachend.

Was Tom und seine Frau begriffen zu haben scheinen, das fange ich gerade an zu lernen. Ob wir angesichts der Überraschungen, die das Leben für uns bereithält, noch lachen können, hängt nicht davon ab, ob wir die Gegenwart verstehen oder die Zukunft kennen, sondern von einer Entscheidung, die wir treffen müssen. Wir müssen uns entscheiden zu sagen: »Ganz gleich, was gut läuft im Leben, und ganz gleich, was schief läuft, Gott hat alles im Griff. Und eines Tages – vielleicht nicht morgen und vielleicht auch nicht nächste Woche – werde ich die Dinge so sehen wie er. Also kann ich genauso gut den Kopf heben und lachen.«

Aber wie kommt man an diesen Punkt?

Vielleicht kann uns ein Erlebnis weiterhelfen, das ich einmal an einem Wintertag in der neunten Klasse hatte.

Aber bevor ich Ihnen davon erzähle, muss ich Sie warnen: Wenn Sie dieses Buch spät abends in einem fremden Hotel lesen, sollten Sie vielleicht erst den Boden kontrollieren, bevor Sie weiterlesen.

2 Das passiert eben

Was meinen die Leute, die sagen, »Ich habe keine
Angst vor Gott, weil ich weiß, dass er gut zu mir ist«?
Waren sie noch nie beim Zahnarzt?
C. S. LEWIS

Ich weiß nicht, wie es Ihnen geht, aber ich mochte Schmerzen noch nie. Als ich in der neunten Klasse war, wog ich knapp 37 Kilo, wenn ich die Taschen voller Münzen hatte, und so beschloss ich, ein bisschen zuzulegen, indem ich doppelt so viel Sellerie aß und ein recht strenges Trainingsprogramm absolvierte, zu dem auch Gewichtheben gehörte. Mein großer Bruder, Dan, erklärte mir, dass man Gehirnzellen abtötete, wenn man die Gewichte über den Kopf hob, was ich mir seiner Ansicht nach nicht erlauben konnte. Also beschloss ich, mich auf den Rücken zu legen und die Gewichte in die Luft zu stemmen.

An guten Tagen schaffte ich 15 Kilo.

Eines Samstags, als ich gerade beim Gewichtestemmen war, entfernten sich die 15 Kilo aus meinen Händen. Ich sehe die Szene immer noch in leuchtenden Farben vor mir – manchmal sogar in Zeitlupe mitten in der Nacht.

Hilflos sah ich zu, wie die Stange mit den Gewichten auf meine Nase zukam. Ich fing an zu schielen, meine Nase knackte laut, und mir kamen die Tränen. Das war das dritte Mal, dass ich mir die Nase gebrochen hatte, obwohl ich sie noch gar nicht so lange hatte. Wenn ich heute meine Nase mit dem Finger bewege, klingt es immer noch, als knacke jemand Erdnüsse.

»Dad«, sagte mein Sohn vor Kurzem. Den Kopf schräg gelegt schaute er dabei auf meine Nase. »Wenigstens steht sie nicht nach oben, sonst würdest du bei einem Regenguss ertrinken.«

Lachen hilft. Aber trotzdem mag ich Schmerzen nicht.

Deshalb erstaunt es mich immer, wenn ich von Menschen höre, die gar nicht genug davon bekommen. Zum Beispiel Jean Luc Antoni. Für Jean gibt es nichts Schöneres, als Ski zu fahren ohne Schnee. Ja, er hat den Weltrekord aufgestellt im Ski fahren auf Felsen. Jean Luc kam ins Buch der Rekorde, als er mit fast 100 Sachen auf einem Monoski in Frankreich einen felsigen Hang hinunterschoss. Das Schwierigste war, so gab Jean Luc zu, unten anzuhalten, ohne gleichzeitig seine Karriere zu beenden. Also errichtete der erfinderische Franzose unten eine Wand aus Pappe, in die er hineinfahren konnte.

Ich glaube, Jean hat als Junge zu viele Gewichte über den Kopf gehoben.

Aber seine Heldentaten sind noch gar nichts im Vergleich zu Reg Mellor.

Im zarten Alter von 72 Jahren ist Reg der amtierende Weltmeister im »Frettchen-Hosen-Wettbewerb«. Die meisten seiner Mitstreiter würden ihren Enkeln nur zu gerne von einer solchen Ehre erzählen – wenn sie denn lange genug lebten. Wahrscheinlich haben Sie noch nie etwas von einem »Frettchen-Hosen-Wettbewerb« gehört, und für den Fall, dass Sie es selbst einmal ausprobieren möchten, erkläre ich ihnen kurz die Regeln. Bei diesem Wettbewerb werden (und das ist mein voller Ernst) dem Teilnehmer die Hosenbeine an den Knöcheln zugebunden. Dann führt man von oben in jedes Bein einen bissigen, etwa 30 Zentimeter langen, Fell tragenden Fleischfresser, auch Frettchen genannt, ein.

Sind die Frettchen in den Hosenbeinen, schnürt der Schiedsrichter oben den Gürtel zu. Jetzt geht es darum, so lange wie möglich regungslos dazustehen, während diese kleinen, wieselähnlichen Biester mit ihren nadelspitzen Krallen und den rasiermesserscharfen Zähnen versuchen, sich aus der Hose zu befreien.

Reg Mellor ist stolzer Halter des Weltrekordes. Fünf Stunden und 26 Minuten lang konnte er es sich verkneifen zu rufen: »He, wer hat mir die Frettchen in die Hose gesteckt?« Ich kann mir lebhaft vorstellen, wie Reg an einem kalten Winterabend mit seinen Enkeln vor einem lodernden Kaminfeuer sitzt und ihnen die Geschichte erzählt.

Großvater Reg: So war das damals, Kinder. Und die Geschichte ist so echt wie die Zehen an euren Füßen. Keiner ist auch nur annähernd in die Nähe meines Rekordes gekommen.
Enkelkinder: Wow, Großvater, du bist wirklich klasse! Zeigst du uns noch mal deine Holzbeine?

Es gibt da eine ganz einfache Sache, die die meisten von uns von einem Reg Mellor oder einem Jean Luc Antoni unterscheidet: Wir suchen den Schmerz nicht mit Absicht. Wir suchen vielleicht nach Abenteuern, aber nicht nach Schmerzen. Wir sind sogar mit einem gottgegebenen Schmerz-Abwehr-System ausgestattet, das sich schon in ganz jungen Jahren einschaltet und Sätze aus uns hervorbringt wie: »Mama! Kratz mich vom Herd ab!«

Aber eines Tages wachen wir dann auf und stellen fest, dass Mama nicht mehr in der Küche ist, und dass niemand mehr da ist, der uns hilft. Und was noch schlimmer ist: Wir mussten nicht erst nach Schmerzen suchen, sie kamen von ganz alleine. Vielleicht war es das Klingeln an der Tür, der Anruf oder jemand, der uns auf die Schulter getippt hat. Und schon waren wir schnüffelnd auf unserem Lebensweg unterwegs und haben uns gefragt, was da so grauenvoll stinkt und warum es ausgerechnet in unserem Kofferraum landen musste.

Ich weiß auch nicht, wie ich auf den Gedanken gekommen bin, das Leben sei wie Slalom fahren auf einer weichen Pulverschneepiste. Bestimmt habe ich das nicht im Kindergarten gelernt. Erinnern Sie sich noch an einige der Verse und Lieder, die wir dort gelernt haben? Als ich etwa zwei oder drei Jahre alt war, schaukelte meine Mutter mich sanft auf ihren Knien und summte dabei das traurigste Lied, das ich kenne. Jetzt, wo sie Enkelkinder hat, fügt sie ihren sanften Gemütern nur allzu gerne die gleiche Grausamkeit zu. »Oma«, betteln die Kinder, »sing uns das Lied von der Katze. Das Lied, das du Papa immer vorgesungen hast, als ihr in der Arche wart.«
Und so gibt sie das folgende kleine Familienerbstück an sie weiter:

Wo ist mein Kätzchen mit den weißen Tätzchen?
Ich suchte im Haus von oben bis unten,
doch hab ich es auch unterm Bett nicht gefunden.
Mein treuer Hund, Moritz, der liebste von allen,
der tat mir einen großen Gefallen.
Er half mir suchen, draußen, unter den Buchen.
Wo war nur mein Kätzchen geblieben?
Zu guter Letzt suchten am Bach wir dort unten
Und siehe da war mein Kätzchen – ertrunken!

Es ist ein Wunder, dass ich bei diesem Gute-Nacht-Lied überhaupt schlafen konnte.

Als unsere Kinder noch klein waren, versuchte ich, einige dieser bedrückenden Texte umzudichten, um sie für empfindsame Kinderseelen angemessener zu machen. Ich sang ihnen Verse vor, in denen Humpty Dumpty wieder zusammengeflickt werden konnte, die alte Mutter Hubbart Chips zu essen fand und die alte Frau, die im Schuh lebte, genau wusste, was zu tun war. Die Kinder hörten aufmerksam zu und sagten dann: »Ach nein, Papa. Sing das Lied vom Kätzchen.«

Wahrscheinlich hat es auch seine Vorteile, wenn man schon früh lernt, dass das Leben nicht immer nach Wunsch verläuft. Diejenigen, die bei den Kinderliedern gut zugehört haben, wissen vielleicht, dass das Leben eine bunte Mischung aus banalen Dingen und großen Abenteuern ist, aus erhabenen und lächerlichen Momenten. Dass uns Menschen enttäuschen und Freunde uns im Stich lassen, und dass Stürme kommen. Diese Feststellung mag im ersten Moment missmutig klingen, aber sie ist immens wichtig, um Freude ins Leben zu bringen. Das ideale Leben ist nicht Hakuna Matata, jene von allen Problemen freie Philosophie, die Timon und Pumba dem jungen Simba in *Der König der Löwen* beibringen. Das wäre zwar schön, aber es dürfte schwer sein, auch nur einen einzigen Menschen auf der Welt zu entdecken, für den das Leben ein Kinderspiel war.

Uns von der Vorstellung frei zu machen, dass das Leben fair sei, ist eine wichtige Voraussetzung, um unseren Humor wiederzufinden. Sich dem Unbekannten auszusetzen und es mit Gottes Hilfe zu überwinden, gehört sogar dazu, wenn man echte Lebensfreude finden will. Deshalb fasziniert mich die Bibel schon mein ganzes Leben lang. Sie hält nichts zurück. Ihre Helden stolpern, ihre Geschichten entsetzen uns manchmal oder machen uns traurig. Im Schaukelstuhl erfuhr ich von Abrahams Lügen und Davids Betrug, von den Hunden, die Isebel fraßen, und von Herodes' Verrat. Und mitten in alledem entdeckte ich den Einen, der uns niemals im Stich lassen wird. Bibelverse, die man als Kind lernt, bleiben hängen, nicht wahr?

Vielleicht weiß ich jetzt, warum ich trotz dieser Gute-Nacht-Geschichten im Schaukelstuhl so gut schlief. Wahrscheinlich war mir klar, dass die Zukunft unberechenbar war, aber sich Sorgen zu machen war, wie im Schaukelstuhl zu sitzen: Man ist ständig in Bewegung, aber kommt nirgends an.

Ich glaube, ich habe noch aus einem anderen Grund so tief geschlafen. Meine Mutter sang zum Abschluss des Tages immer ein altes Kirchenlied. Ich kann heute noch hören, wie sie sang, während der Wind den Regen gegen die Fensterscheibe prasseln ließ.

Wenn Friede mit Gott meine Seele durchdringt,
ob Stürme auch drohen von fern,
mein Herze im Glauben doch allezeit singt:
»Mir ist wohl, mir ist wohl in dem Herrn.«

Damals hatte ich nicht die geringste Ahnung, was die Worte bedeuteten, aber heute weiß ich es. Wenn Ihre Nase krumm ist, wenn es im Leben nur bergab geht oder wenn Sie ein Stinktier im Kofferraum finden, dann verändert eine solche Perspektive alles.

3 Und Bob?

Man kann nicht gut ankommen,
wenn man ständig schlecht drauf ist.
NACH JOHN MAXWELL

Ich lernte Bob und Audrey kennen, als sie mich nach einer Fernsehsendung, zu der ich in Winnipeg in Manitoba, Kanada, gewesen war, zu sich in die Küche einluden. Wenn Sie noch nie in Winnipeg waren, nun ja … gehen Sie nicht wegen der Landschaft hin, gehen Sie wegen der Menschen hin. In Winnipeg gibt es nur zwei Jahreszeiten: Winter und Schnaken. Während wir die besten Spaghetti mit Hackfleischbällchen aßen, die es außerhalb Italiens gibt, erzählten sie mir eine der lustigsten Geschichten, die ich seit langem gehört habe. Die Geschichte wurde oft von Audreys ansteckendem Lachen (das durch ihre drei kleinen Kinder nur noch verstärkt wurde) und Bobs sanftem Glucksen unterstrichen. Audrey liebt dieses Glucksen. »Wenn Bob nicht so glucksen würde«, meinte sie, »dann wäre ich so sehr in Schwierigkeiten wie … nun ja, wie jemand, der in großen Schwierigkeiten steckt.«

Nach den ersten paar Minuten ihrer Geschichte begann ich zu verstehen, warum sie das sagte.

Das Thanksgiving-Wochenende fing so an, wie die Meisners es geplant hatten. Sie stopften ihren Kleinbus mit Matratzen, Schlafsäcken und Kindern voll und fuhren 1000 Meilen durch das Flachland von Manitoba bis zu ihren Verwandten in Michigan. Es war eine schöne Reise. Bis zum Horizont erstreckte sich eine Landschaft aus Wiesen, durchsetzt mit Seen, wie ein grüner Flickenteppich. Die Pappeln reckten ihre kahlen Zweige in den Himmel, als wollten sie sich dem Winter ergeben. Die Kinder zählten die V-förmigen Formationen der Wildgänse, die ihre Heimat verließen und nach Florida zogen. Weder Bob noch Audrey ahnten, dass die Schönheit dieses ersten Teils ihrer Reise im krassen Gegensatz zu ihrer Heimfahrt stehen sollte.

Am Wochenende gab es jede Menge Truthahn und Verwandte. Und viel zu lachen. Am Sonntagabend verabschiedeten sie sich und machten sich auf den Heimweg. Sie fuhren abends um elf Uhr los, fuhren die ganze Nacht hindurch und kamen am nächsten Morgen um halb neun in Minneapolis an. Obwohl Vater und Mutter müde waren, schrie die größte Einkaufsmeile Amerikas geradezu nach einem Besuch. Und so ging schon die Sonne unter, als sie die Skyline der Metropole im Rückspiegel verschwinden sahen.

Als Audrey anbot, das Lenkrad zu übernehmen, kletterte Bob nach hinten, verschwand hinter einigen Schlafsäcken und schlief ein.

Eineinhalb Stunden später fuhr Audrey so leise, wie sie konnte, auf einen Rastplatz, in der Hoffnung, die Familie nicht zu wecken. Sie ließ den Motor im Leerlauf laufen und bemerkte, dass ein Zylinder nicht richtig lief. Das erinnerte sie an Bobs Schnarchen, das vom Rücksitz zu hören war.

Nachdem sie auf die Toilette gegangen war, stieg Audrey wieder ins Auto, rührte ihren Kaffee um, nahm einen großen Schluck und fuhr wieder auf die Autobahn. Die nächsten zwei Stunden vergingen wie im Flug, während sie mit den Fingern den Rhythmus der Country-Songs mittrommelte und in verschiedene Talksendungen hineinhörte. Als sie in Fargo, in North Dakota, ankam, wachten die Kinder allmählich auf. Aber Bob nicht. *Der muss wirklich müde sein,* dachte Audrey. *Gott sei Dank, dass es hier starken, kolumbianischen Kaffee gibt.* Ihr siebenjähriger Sohn tauchte im Rückspiegel auf und rieb sich die Augen. »Schlaf noch ein bisschen, mein Schatz«, sagte seine Mutter.

Und plötzlich war die friedliche Ruhe des frühen Morgens dahin. »Wo ist Papa?«

»Machst du Witze?«, meinte Audrey und verstellte den Rückspiegel, um nach hinten zu sehen. »Er liegt doch da hinten und schläft ... oder nicht?«

Die Kinder fingen an, die Kissen zur Seite zu schieben und nach ihrem Vater zu suchen. »Nein«, sagte ihr Siebenjähriger, »er ist nicht hier.«

»Meinst du, er ist vielleicht entrückt worden? Weißt du, so wie du gesagt hast, Mama, wenn Jesus wiederkommt, um uns zu holen?«

Aber Audrey lachte nicht. Während sie nach der nächsten Ausfahrt Ausschau hielt, überkam sie Angst und Sorge. Sollte sie umdrehen und zurückfahren? Sie hatte keine Ahnung, wo der Rastplatz gewesen war. Hatte sie vor zwei Stunden dort gehalten? Oder vor drei? »Bleib ganz ruhig, Audrey«, sagte sie sich selbst. »Oh Herr«, betete sie, »hilf mir, Bob zu finden. Und bitte beschütze ihn, wo auch immer er ist.«

Sie fuhr zu einem Rasthof, ging zum Telefon und rief die Polizei an. »Äh ... ich ... äh ... habe meinen Mann in Minnesota vergessen«, erklärte sie dem Polizeibeamten. »Auf einem ... äh ... einem Rastplatz.«

Einen Augenblick herrschte Schweigen in der Leitung. »Entschuldigung, könnten Sie das noch einmal wiederholen?«

Nach einigen verzweifelten Minuten gelang es Audrey, den Beamten davon zu überzeugen, dass das kein Scherz war, sondern dass sie ihren Mann tatsächlich, wenn auch unabsichtlich, zurückgelassen hatte, obwohl er vielleicht denken mochte, es sei Absicht gewesen.

»Wissen Sie was«, meinte der Polizeibeamte, »bleiben Sie dran. Ich gebe Ihnen die Telefonnummern von allen Rastplätzen in dieser Gegend. Laufen Sie nicht weg, verstanden?«

Audrey lief nicht weg.

Nachdem sie sich bei dem Polizisten für seine Hilfe bedankt hatte, fing sie an, die Liste abzutelefonieren, eine Nummer nach der anderen. Bei jedem Anruf erntete sie Überraschung, hatte aber keinen Erfolg. Sie hatte die Hoffnung schon fast aufgegeben, als sie die letzte Nummer auf ihrer Liste wählte. »Ist bei Ihnen vielleicht ein Mann, der …?«

»Allerdings«, erwiderte jemand mit starkem norwegischem Akzent.

Kurz darauf war Bob am Telefon. »Schatz … es tut mir so leid«, sagte Audrey. »Ich wollte dich nicht …« Sie fing an zu weinen. Und Bob fing an zu lachen.

Vor zwei Stunden war er aus dem Wagen gestiegen, um auf die Toilette zu gehen. Aber als er zurückkam, war das Auto nicht mehr da. »Haha«, sagte Bob laut. »Sehr witzig.« Er ging dreimal um die Tankstelle und rechnete fest damit, dass sie jeden Moment grinsend um die Ecke kämen. Aber er konnte sie nirgends finden. »Sie würde mich nicht einfach so verlassen«, sagte Bob noch lauter. »Oder etwa doch?«

Um sich die Zeit zu vertreiben, wusch Bob den Kunden die Windschutzscheiben und betete, dass Gott ganz deutlich zu seiner Frau sprechen oder vielleicht dafür sorgen möge, dass sie einen Platten hatte. Er stieg sogar zu einem Fernfahrer in den Lastwagen, der gerade etwas Ermutigung brauchte. »Wissen Sie«, sagte der Fahrer zu Bob, »dass ich Sie hier getroffen habe, das war wirklich Gottes Wirken. Ich brauchte das ganz dringend.«

»Oh Herr«, betete Bob, »es reicht für heute mit deinem Wirken.«

Früh am nächsten Morgen sah Bob die Scheinwerfer eines vertrauten Kleinbusses auf die Raststätte zukommen. Er hörte auf, den Kunden die Windschutzscheiben zu waschen und seufzte erleichtert auf. Für Audrey war es eine Rundreise gewesen. Aber diesmal hupte sie laut, und es war ihr egal, wen sie damit aufweckte. »Das war das erste Mal, dass ich meinen Mann verlassen habe«, meint sie und kann inzwischen darüber lachen. »Und Sie können mir glauben, es war auch das letzte Mal.«

»Wir haben schon viel über diese Geschichte gelacht«, meint Bob mit einem breiten Grinsen. »Manchmal ist meine Perspektive, meine Reaktion auf Dinge das Einzige, worauf ich noch Einfluss habe. Das war jedenfalls einer dieser Momente.«

Auch Audrey hat etwas daraus gelernt. »Anscheinend lerne ich nur dann wirklich etwas, wenn mir nichts mehr anderes übrig bleibt, als mich an Gott zu wenden«, gesteht sie. »In dieser Nacht lernte ich, wie wichtig es ist, alle meine Sorgen auf Gott zu werfen. Sie gehören ihm, und ihm kann ich absolut vertrauen. Und natürlich habe ich auch gelernt, dass man immer erst durchzählen sollte, bevor man wieder weiterfährt.«

4 Lektionen auf dem Eis

*Neulich ging ich zu einem Boxkampf, und dann
wurde plötzlich ein Eishockeyspiel daraus.*
RODNEY DANGERFIELD

Als kleiner Junge war ich fest davon überzeugt, dass die Erwachsenen mich tot sehen wollten. Zum einen haben sie mich in die Welt des Eishockeys eingeführt (ein Spiel für steif gefrorene Menschen, die bereit sind, alles zu tun, um wieder warm zu werden). Sie haben uns scharf geschliffene Kufen an die Füße geschnallt, uns Stöcke und ein hartes Gummigeschoss, auch Puck genannt, in die Hand gedrückt, und uns dann auf glattes Eis gestellt. Und was haben sie dann gemacht? Sie haben sich hinter einem Schutzzaun versteckt, um zu beobachten, was dann passiert. Über die Jahre brach ich mir beim Eishockey zweimal die Nase (der kleine Trainingsunfall aus Kapitel 2 nicht mitgerechnet). Im Laufe der Zeit hatte ich mir jede einzelne Rippe irgendwann einmal gebrochen. Aber ich begann, dieses Spiel wirklich zu lieben.

Seit ich dem Schiedsrichter bis zum Knie reichte, war ich schon sportbegeistert.

In Kanada, wo ich aufgewachsen bin, ist Eishockey Staatsreligion. Kinder und Erwachsene gehen gleichermaßen einmal in der Woche, manchmal sogar jeden Tag zum Gottesdienst in die örtliche Eishalle und beklagen sich nie, dass die Predigt zu lang ist. Im Winter zog ich mir jeden Morgen die Schlittschuhe an, stolperte die Straße hinunter, dass die Funken in alle Richtungen sprühten, bis ich zu unserer Freiluft-Eisfläche kam. Dort lernte ich schon mit drei Jahren, mit den Großen Hockey zu spielen. Ich lernte, mich mit dem Puck zwischen den besten Spielern hindurchzuschlängeln und mit größter Präzision zu schießen. Ich lernte auch, wie man mühelos über eine Eisfläche gleitet, manchmal auch auf dem Po, oder ich krachte Kopf voraus in die Bande und wachte erst am nächsten Mittwoch verwirrt wieder auf.

Vielleicht liegt es daran, dass ich den Puck ein paar Mal zu oft abbekommen habe, aber ich vermisse diese Zeiten.

Damals war Samstag Badetag. Vom Ältesten bis zum Jüngsten stiegen wir der Reihe nach in die Badewanne, um uns den Dreck der ganzen Woche vom Leib zu schrubben. Das war eine der Gelegenheiten, bei denen es nicht von Vorteil war, der Jüngste zu sein. Bis ich an der Reihe war, war das Wasser, vorsichtig ausgedrückt, schon ziemlich trüb, und ich konnte es kaum erwarten, mich im Wohnzimmer mit den anderen ums Radio zu setzen und den kanadischen Eishockeyspielen zu lauschen. Oh, wie ich das Grölen der Menge liebte. Und die Spannung in der Nachspielzeit. Wenn die Namen der Spieler genannt wurden, weckte das Träume von Ehre und Ruhm: Gordie Howe, Frank Mahovlich, Bobby Orr, Phil Callaway. Ich stellte mir tatsächlich vor, wie der Kommentator mit aufgeregter Stimme hastig rief: »Es ist Callaway, der da übers Eis saust … er durchbricht die Verteidigung … er schießt … Tooooooor! Oh Mann, so etwas Aufregendes habe ich nicht mehr gesehen, seit die Alliierten in der Normandie einmarschiert sind!«

Ich war mir ganz sicher, dass das meine Bestimmung war, und verfolgte meinen Traum mit vollem Einsatz.

Schon bald spielte ich in einer echten Mannschaft, in einem echten Eisstadion, mit echten Helmen, um unsere echt harten Schädel zu schützen. Während der Rest der Welt noch schlief, gingen wir jeden Samstagmorgen in eine leere Eishalle, um zu spielen. Manchmal schaute ich dann zu der leeren Zuschauertribüne auf und stellte fest, dass sie gar nicht so leer war. Mein Vater war da. Irgendwie hatte er nach einer anstrengenden Arbeitswoche noch die Kraft aufgebracht, sich aus dem Bett zu wälzen, um mir zuzuschauen. Mein Vater schien zu glauben, dass ich mehr Talent hatte als die Toronto Maple Leafs und die New York Rangers zusammen, und das ließ er auch alle wissen, indem er laut schrie, wenn ich ein Tor schoss (was in jenem Jahr zweimal vorkam) und mit seinen großen Lederhandschuhen klatschte.

Ich sehnte mich so sehr danach, seine Handschuhe zu hören, und konnte es kaum erwarten, als Profi zu spielen. Dann würde ich Mama und Papa zu den Spielen fliegen lassen, ihnen Karten in der ersten Reihe kaufen, direkt hinter den Spielerbänken. Sie könnten dem Trainer bei schwierigen Entscheidungen helfen.

In jenem Jahr gewannen wir nur ein Spiel (weil der Torwart der gegnerischen Mannschaft nicht kam), aber mein Vater hat mir immer Mut gemacht.

»Mein Sohn«, sagte er immer auf dem Heimweg vom Eisstadion, während er meine schwere Ausrüstung trug und ich den Hockeyschläger, »du bist nicht der Erste, der gegen eine Wand rennt.« Dann zählte er alle möglichen Menschen aus der Geschichte auf, die zunächst versagt hatten: Thomas Edison machte zweitausend vergebliche Versuche, bevor er die Glühbirne erfand. Henry Ford ging fünf Mal pleite, bevor es ihm gelang, ein Auto zu bauen.

»Aber Papa«, widersprach ich, »unser Ford Meteor springt nicht an. Deshalb gehen wir ja zu Fuß.«

»Mein Sohn«, sagte er unbeirrt, »mach dir darüber keinen Kopf. Du musst es nur machen wie die Briefmarke: Du musst einfach dranbleiben, bis du am Ziel bist.«

In der zehnten Klasse blieben wir dran, hatten unsere erste siegreiche Saison und gewannen die Bewunderung von ein paar Hundert Teenager-Mädchen. Dieses Jahr war ein Meilenstein für mich. Es geschah etwas, das meine Zukunftsträume für immer veränderte.

Das war so.

Ende März. Das Endspiel. Es war ein Ereignis von solcher Bedeutung für unsere kleine Stadt, dass unser Eisstadion mit Millionen, oder zumindest einigen Hundert Zuschauern gefüllt war, die ihre Stars sehen wollten. Als ich durch den Türspalt der Umkleidekabine nach draußen spähte, hatte ich das sichere Gefühl, dass das mein ganz großer Abend würde. Das jahrelange Training würde sich jetzt auszahlen. All die Zuschauer, die auf dem Schwarzmarkt ihre 25 Cent für die Karte bezahlt hatten, würden nicht enttäuscht werden.

Aber im Verlauf des Spiels schmolzen meine Träume immer mehr dahin. Als die Uhr die letzte Spielminute anzeigte, verwandelte sich mein Traum sogar immer mehr in einen Albtraum. Wir lagen 3:2 zurück, als ich aufs Spielfeld ging. Jeden Moment würde die Schlussglocke ertönen und das Spiel zu Ende sein. Wir brauchten ein Wunder. Wir brauchten Phil Callaway.

Und so nahm ich einen Pass aus der Ecke an und schoss den Puck geschickt am Torwart vorbei, der sich der Länge nach aufs Eis warf. Das rote Licht leuchtete auf und die Mädchen drehten durch. Es stand unentschieden, und ich war der Held. Ich hatte das Tor meines Lebens geschossen.

Nur ein Tor konnte noch schöner sein: das Siegtor in der Nachspielzeit.

Während ich in der Umkleidekabine saß und darauf wartete, dass das Eis präpariert wurde, spähte ich durch den Tür-spalt in die Zuschauermenge. Macht euch bereit, ihr Glück-lichen. Heute ist mir das Schicksal wohlgesonnen. Heute ist *mein* Tag. Ihr werdet noch Jahre an mich denken. Als ich letzte Woche das leere Tor nicht getroffen habe, habt ihr mir Mut gemacht und zugerufen:

Ist schon recht. Ist okay.
Wir lieben dich trotzdem, Callaway.

Aber heute Abend wird das nicht vorkommen. Heute brau-che ich euer Mitleid nicht. Heute will ich nur euren Bei-fall. Donnernden, überschwänglichen, bewundernden Bei-fall.

Und tatsächlich erzielte ich nach etwa fünf Minuten Nachspielzeit das Siegtor. Dieser Moment ist in meiner Er-innerung jederzeit abrufbar, manchmal sogar in Zeitlupe. Der Puck rutschte auf das Tor zu, ich hechtete vorwärts und versuchte verzweifelt, sein Ziel zu besiegeln. Die Zuschauer sprangen auf, als ich den Puck über die Torlinie schob.

Die rote Lampe leuchtete auf.

Die Zuschauermenge grölte.

Die Mädchen schrien.

Aber sie jubelten nicht wegen mir.

Ich hatte nämlich soeben ein Eigentor geschossen.

An die nächsten sechs oder sieben Jahre meines Lebens kann ich mich kaum noch erinnern. Ich weiß noch, dass ich schnurstracks in die Umkleidekabine geflüchtet bin und mir ein weißes Handtuch über den Kopf geworfen habe. Und ich kann mich noch an die Kommentare erinnern: »Mach dir keinen Kopf, okay? Das hätte jedem passieren können … wenn er so unkoordiniert ist.«

Ich zog mir das Handtuch über die Ohren, um das Gelächter nicht zu hören. Dann zog ich meine Schlittschuhe aus und hängte sie an den Nagel – für immer.

Ich konnte nicht wissen, dass Basketball-Star Michael Jordan aus seiner Schulmannschaft fliegen würde, dass Louis L'Amours erster Western von 350 Verlegern abgelehnt wurde, oder dass Albert Einstein einfache mathematische Gleichungen nicht lösen konnte (seine Frau half ihm bei der Steuererklärung). Es hätte mir vielleicht geholfen zu wissen, dass der Manager der Radioshow Grand Ole Opry zwölf Jahre zuvor einen Nachwuchssänger nach einer Vorstellung rausgeschmissen und ihm geraten hatte, wieder Lastwagenfahrer zu werden. Aber Elvis Presley wurde trotzdem Sänger.

Doch in jener Nacht dachte ich nicht an Elvis.

Ich verließ nur vollkommen erschüttert das Eisstadion.

Als ich nach Hause kam, ging ich geradewegs in mein Zimmer. Mein Vater hatte wegen einer heftigen Grippe nicht zum Spiel kommen können.

»Wie war es?«, fragte er, als er in der Tür zu meinem Zimmer stand. Er studierte mein blasses Gesicht und ahnte die Antwort schon.

»Ach, Papa«, sagte ich mit gesenktem Kopf. »Das kann ich dir nicht sagen. Du bist ohnehin schon krank.«

Ich ließ mich aufs Bett fallen, verschränkte die Hände hinterm Kopf und starrte an die Decke. Mein Vater kam herein, setzte sich neben mich aufs Bett und sagte nichts.

»Hast du schon mal was so Dummes gemacht, dass du dir sehnlichst gewünscht hast, die Zeit um 24 Stunden zurückdrehen zu können und den Tag noch mal von vorne anzufangen?«, sagte ich.

»Na ja«, meinte mein Vater, »ich habe einmal mit einer 22er den Scheinwerfer des alten Mr. Henderson zerschossen … und dann habe ich …«

Zum ersten Mal seit Jahren unterbrach ich meinen Vater

mitten im Satz. Dann setzte ich mich auf, vergrub das Gesicht in den Händen und erzählte ihm alles: wie schockiert die Zuschauer waren, wie peinlich es in der Umkleidekabine war, mein Spiel, an das man sich zu meiner Schande für immer erinnern würde. Ich wagte nicht, ihm ins Gesicht zu schauen. Das Gesicht eines stolzen Vaters, der große Träume für seinen jüngsten Sohn gehabt hatte.

Eine Minute lang herrschte Schweigen. Dann legte mein Vater mir die Hand aufs Knie und tat das Letzte, was ich in diesem Moment erwartet hätte: Er fing an zu lachen.

Und ich konnte kaum glauben, was ich dann tat … Ich lachte mit ihm.

Es war das Letzte, mit dem wir beide gerechnet hätten, aber es war das Beste, was wir tun konnten.

Inzwischen sind mehr als 20 Jahre vergangen, seit Vater und ich auf meiner Bettkante gesessen und zusammen gelacht haben. In meiner Erinnerung ist es der Abend, an dem ich beschloss, wieder Eishockey zu spielen. Ich spiele selbst heute noch Eishockey. Mit den Jahren ist es mir sogar gelungen, ein paar Tore zu schießen – und zwar ins richtige Tor. Aber keines dieser Tore war je so denkwürdig wie jenes Tor in der Nachspielzeit. Es wird mich mein Leben lang daran erinnern, dass die größten Siege im Leben oft in unseren Niederlagen errungen werden.

Noch Jahre danach wachte ich manchmal nachts schweißgebadet auf, weil ich von jenem Tor in der Nachspielzeit geträumt hatte, aber sobald ich mich dann an die Hand meines Vaters auf meinem Knie erinnerte, musste ich von einem Ohr bis zum anderen grinsen. An jenem Abend habe ich etwas entdeckt, das selbst die schwersten Lasten leichter erscheinen lässt.

Es ist die einfache Tatsache, dass ich einen Vater habe, der mich liebt, ganz gleich, was ich getan habe, ganz gleich, wo ich war, ganz gleich, wie schlimm es gerade steht. Jesaja hat das sehr schön ausgedrückt:

> *Berge mögen einstürzen und Hügel wanken,*
> *aber meine Liebe zu dir wird nie erschüttert …*
> *Das verspreche ich, der Herr, der dich liebt!*
> JESAJA 54,10

Ich habe es schon tausendfach erlebt. Diejenigen, die wissen, wo man sie findet, entdecken auch angesichts überwältigender Tragödien oder unüberwindlicher Hindernisse Freude. Mein Vater war sich dessen vielleicht nicht bewusst, aber an jenem Abend hat er mir einen Einblick in das Wesen meines himmlischen Vaters gegeben, der von unschätzbarem Wert ist. Er hat mir sein Mitgefühl, seine Vergebungsbereitschaft und seine Gnade gezeigt. Er hat mir einen himmlischen Vater gezeigt, der verrückt ist nach seinen Kindern, und der gerne lacht.

5 Die Entscheidung

Der Unterschied zwischen den Menschen ist gering,
aber dieser kleine Unterschied macht den großen
Unterschied. Der kleine Unterschied ist ihre Einstellung.
Der große Unterschied ist, ob sie positiv ist oder negativ.
CLEMENT STONE

Wenn Sie mich einmal sonntagnachmittags zu sich nach
Hause einladen, werden Sie ganz schnell eine meiner stö-
rendsten Angewohnheiten kennenlernen. Nein, ich esse nicht
zu viel (es sei denn, es gibt Pizza). Ich kaue auch nicht an
meinen Fingernägeln (es sei denn, wir schauen uns zusammen ein Baseball-Meisterschaftsspiel an). Aber es ist sehr
wahrscheinlich, dass wir gerade zusammen bei Ihnen im
Wohnzimmer sitzen und Tee trinken, wenn mein Kopf sich
plötzlich zur Seite neigt und meine Augen die Wand hinter
Ihnen anstarren. Nicht, dass ich Sie ignoriere oder am Ein-
schlafen bin. Ich betrachte einfach nur Ihr Bücherregal.

Dieses problematische Verhalten habe ich schon in frü-
hester Kindheit entwickelt. Wahrscheinlich könnte mir ein
guter Psychologe helfen, aber ich weiß, dass mein Vater daran schuld ist. Mein Vater hatte damals einen Buchladen, und
bei uns daheim waren die Wände voll mit Büchern. Wir hatten im Flur Bücher, in der Küche, in meinem Zimmer.

Manchmal landeten sie sogar in der Badewanne oder auf dem Dach. Ich bin heute noch davon überzeugt, dass mein Hals rechts kürzer ist als links, weil ich jeden Abend mit verdrehtem Kopf im Bett lag und die Buchtitel las, bis das Licht ausging. *Die Schatzinsel.* Charles Spurgeons *Predigtnotizen. Alice im Wunderland. Foxes Buch der Märtyrer.* Als ich fünf war, habe ich einmal fünf blau eingebundene Hardy-Bücher in einen Heizlüfter gestopft. Ich weiß heute noch nicht, warum ich das getan habe. Aber niemand hat sie vermisst. Bei den Callaways gab es nie viel Geld, aber dafür jede Menge Bücher.

Die Bücher mit Kurzgeschichten hatte ich am liebsten. Vielleicht lag es daran, dass ich das Musterbeispiel für ein ADS-Kind war (fragen Sie nur mal Mrs. Dolson, meine Lehrerin in der dritten Klasse). Aber auch heute noch mag ich kaum etwas lieber, als an einem Winterabend mit einer Tasse heißer Schokolade vor einem knisternden Kaminfeuer zu sitzen und Kurzgeschichten zu lesen. Ganz gleich ob Science-Fiction, Krimi, Abenteuergeschichte – es hat etwas ungeheuer Befriedigendes, wenn man in nur vier oder fünf Minuten unterhalten, überrascht und herausgefordert wird.

Kurz nach meinem *Les Misérables*-Wochenende mit Ramona gab mir ein Freund eine Geschichte, die das alles sehr schön fertigbrachte. Es war die Geschichte von Jerry.

Jerry ist die Art von Mensch, der man gerne beim Einkaufen begegnet. Er hat immer ein freundliches Wort, einen Witz oder zumindest ein Lächeln bereit. Es braucht nicht viel, um ihn zum Lächeln zu bringen. Jerry freut sich schon, wenn alle Räder seines Einkaufswagens in die gleiche Richtung laufen. Wenn man ihn fragt, wie es ihm geht, dann antwortet er höchstwahrscheinlich: »Wenn es mir noch besser ginge, müssten aus mir Zwillinge werden!«

Es kommt selten vor, dass die Mitarbeiter ihrem Chef folgen, wenn er den Arbeitsplatz wechselt, aber bei Jerry war

das der Fall. Sie liebten seine Einstellung. Jerry ist ein Ermutiger und merkt sofort, wenn jemand einen schlechten Tag
hat. »Sehen Sie es einmal positiv«, sagt er. »Wenn Ihnen die
Sonne ins Gesicht scheint, müssen Sie öfter niesen. Das ist
gut für Sie.«

Eines Tages fragte ihn einmal ein Freund: »Ich verstehe
das nicht, Jerry. Du kannst doch nicht immer nur gut drauf
sein. Wie machst du das?«

Jerry erwiderte: »Jeden Morgen, wenn ich aufwache, sage
ich zu mir selbst: ›Jerry, du hast heute die Wahl: Du kannst
gute Laune haben, oder du kannst schlechte Laune haben.‹
Dann entscheide ich mich für die gute Laune. Jedes Mal,
wenn etwas Schlimmes passiert, habe ich die Wahl, das Opfer
zu sein, oder etwas aus der Situation zu lernen. Ich entscheide mich dafür, etwas daraus zu lernen. Jedes Mal, wenn
jemand sich bei mir beklagt, habe ich die Wahl, mitzujam-
mern, oder auf die positiven Dinge des Lebens hinzuweisen.
Ich entscheide mich für das Positive.«

»Ja schon«, wandte sein Freund ein, »aber ganz so einfach
ist es auch nicht.«

»Oh doch, ist es«, sagte Jerry. »Im Leben geht es immer
um Entscheidungen. Wenn man mal alles andere außen vor
lässt, ist jede Situation eine Entscheidung. Wir haben die
Wahl, wie wir auf eine bestimmte Situation reagieren wollen. Wir haben die Wahl, welchen Einfluss andere Menschen
auf unsere Stimmung haben. Wir haben die Wahl, gute oder
schlechte Laune zu haben. Du hast die Wahl, wie du dein
Leben leben willst.«

Eines Tages ließ Jerry die Hintertür seines Restaurants
offen stehen, ohne zu ahnen, dass seine Theorie gleich aufs
Äußerste auf die Probe gestellt werden würde.

An diesem Tag kamen drei Einbrecher herein und be-
drohten Jerry mit einer Pistole. Als er versuchte, den Safe zu

öffnen, rutschte Jerrys Hand vor Nervosität vom Zahlenschloss ab.

Die Einbrecher gerieten in Panik.

Und schossen auf ihn.

Jerry kam sofort in die nächste Unfallklinik. Nach einer 18-stündigen Operation und mehreren Wochen auf der Intensivstation wurde er schließlich aus dem Krankenhaus entlassen. Splitter der Kugeln steckten immer noch in seinem Körper. Später einmal fragte ihn sein Freund, wie es ihm gehe. Jerry erwiderte: »Wenn es mir noch besser ginge, müssten aus mir Zwillinge werden … willst du mal meine Narben sehen?«

Sein Freund lehnte dankend ab, fragte aber: »Was ist dir durch den Kopf gegangen, als die Einbrecher vor dir standen?«

»Als Erstes habe ich daran gedacht, dass ich die Tür nicht abgeschlossen hatte«, erwiderte Jerry. »Als ich dann am Boden lag, musste ich daran denken, dass ich zwei Möglichkeiten hatte: Ich hatte die Wahl zu leben oder zu sterben. Also habe ich mich entschieden zu leben.«

»Hattest du keine Angst?«, fragte sein Freund.

Oh doch, Jerry hatte Angst. »Aber die Rettungssanitäter waren super«, erzählte er seinem Freund. »Sie sagten mir immer wieder, dass alles gut werden würde. Aber als sie mich in die Notaufnahme schoben, und ich den Ausdruck auf den Gesichtern der Ärzte und Schwestern sah, bekam ich wirklich Angst. In ihren Augen war zu lesen: ›Der Mann ist so gut wie tot.‹ Da wusste ich, dass ich etwas unternehmen musste.«

»Was hast du getan?«

»Nun, eine große, kräftige Schwester rief mir Fragen zu. Sie fragte, ob ich gegen irgendetwas allergisch sei, und ich antwortete: ›Ja!‹«

Die Ärzte und Schwestern hielten inne und sahen ihn mit sorgenvollen Gesichtern an.

Jerry holte tief Luft und sagte laut: »Ich bin allergisch gegen Kugeln!«

In ihr Gelächter hinein sagte Jerry: »Operieren Sie mich so, als sei ich lebendig, und nicht so, als sei ich tot.« Und das taten sie.

Heute arbeitet Jerry immer noch in der Gastronomie. Seine Mitarbeiter folgen ihm immer noch von einem Arbeitsplatz zum nächsten, genießen seine ermutigende Art und lernen von seinen positiven Ratschlägen. Jerry würde Ihnen heute ohne zu zögern sagen, dass er nur durch das Geschick einiger Ärzte, Schwestern und Rettungssanitäter noch am Leben ist. Aber wenn Sie sich eine Weile mit ihm unterhalten haben, merken Sie, dass er auch wegen seiner bewundernswerten Einstellung noch am Leben ist.

Joni Eareckson Tada, die seit einem Badeunfall querschnittsgelähmt ist, würde Jerrys Einstellung befürworten. Ich hatte das Vorrecht, mich schon mehrmals mit Joni zu unterhalten, und dabei sagte sie mir einmal: »Leid hat ein ungeheuer positives Potenzial, aber es kann auch zerstören. Durch Leid können Familien zusammenwachsen und vereint werden, aber es kann Familien auch durch Selbstsucht und Bitterkeit zerstören … Es kommt ganz darauf an – auf uns und darauf, wie wir reagieren.«

Ich bin genau wie Jerry – genauso allergisch gegen Kugeln (der Fachausdruck dafür ist Ballistophobie). Und ich kann mir genauso wenig wie Jerry aussuchen, wann und wo sie mich treffen. Ich wünschte, ich könnte es. Aber ich kann es nicht. Das Einzige, was ich bestimmen kann, ist meine Reaktion, meine Einstellung und wie ich damit umgehe.

Wie ist das bei Ihnen? Wie reagieren Sie auf die Kugeln, die Sie im Leben treffen? Oder auf die Kakteen?

In Sprüche 17,22 heißt es: »Ein fröhliches Herz ist die

beste Medizin, ein verzweifelter Geist aber schwächt die Kraft eines Menschen.«

Wofür entscheiden Sie sich heute? Für ein fröhliches Herz? Oder für einen verzweifelten Geist, der Sie schwächt?

Eines Abends an Thanksgiving konfrontierte mich mein Sohn Jeffrey direkt mit dieser Frage.

6 Thanksgiving im finsteren Tal

Wir haben jeden Moment im Leben die Möglichkeit,
uns für ein dankbares Herz, eine gnädige Einstellung
und eine freudige Haltung zu entscheiden.
TIM HANSEL

In Alberta wird es früh Herbst. Die Apfelbäume sind voller
kleiner Äpfel, so rot wie die Abendsonne, und die Zweige
hängen bis zum Boden. Die ehemals grünen Felder liegen
kahl da und erinnern mit ihren goldenen Stoppeln an wär-
mere Tage. Ein paar Stunden nach dem traditionellen Trut-
hahnessen lag ich mit drei Kindern auf mir auf dem Sofa
und las ihnen die Geschichte vom barmherzigen Samariter
vor. Ramona kam herein, rief mich, bekam wieder einen
Anfall und stürzte zu Boden. Sie war bewusstlos, und ich
trug sie ins Schlafzimmer, um den Kindern den schlimmen
Anblick zu ersparen. Später, als sie schlief, nahm ich die Kinder in den Arm, weinte mit ihnen und versuchte so gut wie
möglich, ihre Fragen zu beantworten.

»Wird Mama sterben?«, fragte Jeffrey, unser Jüngster.

»Das weiß ich nicht, mein Schatz«, gab ich zu. »Aber
eines weiß ich: Gott wird immer da sein, und ich werde
auch bei euch sein.«

»Was hat sie?«, fragte Stephen.

»Das wissen wir nicht genau. Aber die Ärzte versuchen, es herauszufinden.«

Später, nachdem ich ihre Fragen beantwortet hatte, lag ich mit meinen eigenen Fragen im Kopf wach. Ich bin zwar Humorist, aber manchmal finde ich das Leben gar nicht zum Lachen. Warum lässt Gott uns durch so viele Täler gehen? Und wie sollen wir dankbar sein, wenn die Berggipfel im Nebel verschwinden?

Um halb eins stand eine kleine Gestalt in der Tür. Durch die Nachtbeleuchtung im Flur erkannte ich nur Jeffreys Umrisse. »Ich kann nicht schlafen, Papa«, sagte er. Da ich in sechs Stunden ohnehin wieder aufstehen musste, taumelte ich verschlafen aus meinem schönen warmen Bett und ließ meine schöne warme Frau zurück, um ihn wieder ins Bett zu bringen, an dem ich mir den Zeh anstieß. Dann sagte ich mit einer Stimme, die drei Oktaven zu hoch war, zu ihm: »Jeffrey, denk mal an 100 Dinge, für die du dankbar bist.« Dieses Spiel hatten wir schon öfter gespielt.

Er sah mich verschlafen an, kratzte sich den Kopf und fragte: »Was denn, Papa?«

Ich dachte einen Moment lang nach. »Na ja, mich zum Beispiel. Bist du dankbar für deinen Papa?«

»Ja«, sagte er. »Außer jetzt, da bist du nicht gut drauf.«

Ich vergrub mein Gesicht an seiner Brust, drückte ihn an mich und hörte ihn lachen.

»Tut mir leid, mein Sohn.«

Jeffrey streichelte mir über meine beginnende Glatze. »Ist schon in Ordnung.«

»Ich liebe dich.«

»Ich liebe dich auch.«

Ich legte mich neben ihn und flüsterte: »Du fängst an mit der Danke-Liste, ja?«

Jeffrey sah mich an und meinte: »Nein, Papa, du fängst an.«

Eigentlich konnte ich gar nicht dankbar sein. Ja, natürlich sagt uns die Bibel, wir sollen dankbar sein. Allein in den Psalmen heißt es 20 Mal, dass wir dankbar sein sollen. In Psalm 136,1 heißt es zum Beispiel: »Dankt dem Herrn, denn er ist gut! Denn seine Gnade bleibt ewig bestehen.«

Aber wie sollte ich eine Liste mit Dingen aufzählen, für die ich dankbar war, wo ich gerade zum hundertsten Mal zusehen musste, wie meine Frau noch einmal mit dem Leben davongekommen war, und ich mir Sorgen machte um morgen und darum, was aus den Kindern werden würde?

100 Dinge, für die ich dankbar bin? Hmm.

Wenn wir ehrlich sind, ist uns nicht immer danach, dankbar zu sein, oder? Wir setzen uns hin, um eine Danke-Liste zu schreiben, aber alles, was uns einfällt, ist: Ich bin dankbar für meinen Job. Nein, stopp, durchstreichen. Meine Kollegen wollen immer Teamarbeit machen: Sie sind das Team und ich arbeite. Mein Chef behandelt mich wie den letzten Dummkopf, und ich würde alles darum geben, wenn ich morgen angeln gehen könnte. Ich bin dankbar für meine Frau. Aber um ehrlich zu sein, das Essen, das sie heute gekocht hat, hätte sie besser gleich auf den Kompost getan. In letzter Zeit läuft es nicht so gut. Und die Kinder? Na ja, mein Sohn hat Marmelade in den DVD-Spieler geschmiert, und am Donnerstag hat meine Tochter das Auto in die Garage gefahren … ohne das Garagentor aufzumachen. Wenn ich es mir so überlege, sollte ich diese Danke-Liste vielleicht noch mal überarbeiten.

Und dann lesen wir eines Tages 1. Thessalonicher 5,16-18, Verse, die der Apostel Paulus geschrieben hat, der so oft geschlagen wurde, Schiffbruch erlitt und ins Gefängnis geworfen wurde, dass er damit auf die Titelseite vom Guinnessbuch der Rekorde kommen könnte, und sind von seinen Worten überrascht:

Seid allezeit fröhlich, betet ohne Unterlass, seid dankbar in allen Dingen; denn das ist der Wille Gottes in Christus Jesus an euch.

Als ich anfing, über diese Verse nachzudenken, wurde mir plötzlich klar, dass es schön ist, wenn Dankbarkeit aus Wohlstand heraus kommt. Ich mag Wohlstand. Ich warte noch auf den Tag, an dem ich einen Scheck, der auf mich ausgestellt ist, dankend ablehne. Aber was würde ich tun, wenn dieser Wohlstand nicht mehr wäre? Es ist ein wunderbares Geschenk, wenn man Gott für seine Gesundheit danken kann. Aber was würde ich tun, wenn Krankheitszeiten kämen und ich bettlägerig wäre? Würde ich dann verbittert und unglücklich werden? Vielleicht. Aber wenn ich jeden Tag dankbar dafür sein könnte, dass Jesus mich liebt? Dafür, dass er starb, um mich zu erlösen? Dafür, dass seine Liebe nie aufhört und seine Gnade jeden Morgen neu ist? Dann bin ich nicht auf Gedeih und Verderb meinem Bankkonto ausgeliefert, und mein Glück hängt auch nicht von der Diagnose meines Arztes ab. Selbst wenn ich all das verliere, kann ich Gott immer noch danken.

Als ich so neben Jeffrey lag, war mir gar nicht nach Danken zumute. Und dennoch wusste ich, dass das der beste Weg war, um die Dinge zu ändern. Ich wusste, dass wahre Freude am besten auf dem Boden der Dankbarkeit wächst. Ich wusste, dass der erste Riesenschritt hin zu einer veränderten Einstellung ist, ein dankbarer Mensch zu werden. Und weil Dankbarkeit eine Entscheidung, eine innere Haltung und unsere Wahl ist, zählte ich an jenem Abend meinem Jüngsten, der allmählich den Kampf mit seinen Augenlidern verlor, einige der Dinge auf, für die ich dankbar bin:

Ich bin dankbar für Thanksgiving, Jeffrey.

Ich bin dankbar, dass wir nicht jeden Tag Truthahn essen.

Sonst würden wir bis Weihnachten wie das Michelin-Männchen aussehen.

Ich bin dankbar für die Erinnerung daran, wie wir früher den ganzen Nachmittag lang Touch Football gespielt haben, das jährliche Callaway-Thanksgiving-Spiel, und uns dann verschwitzt und hungrig an den Tisch gesetzt haben und ich darauf vorbereitet war, dem Löffel voll Kartoffelbrei auszuweichen, den mein Bruder nach mir schoss und den ich im Jahr davor mitten auf die Stirn bekommen hatte. Obwohl wir alle nicht mehr so schnell rennen können wie damals, genießen wir dieses Spiel immer noch. Und obwohl die Schlachten am Tisch der Vergangenheit angehören, bin ich immer noch kindisch genug, um mir einen Löffel vom Salbeidressing meiner Frau zurechtzulegen, die Entfernung bis zu Opas Glatze abzuschätzen und mich wenigstens einen Augenblick lang zu fragen, wie es wohl wäre, die Ladung tatsächlich abzuschießen.

Ich bin dankbar dafür, dass ich Brot backen kann, jetzt, wo wir einen Brotbackautomaten haben. Durch Ramonas gesundheitliche Probleme bin ich gezwungen, öfter einmal meine Kochmuskeln in der Küche zu trainieren. Während sie schläft, essen die Kinder und ich hin und wieder Kuchen und Eis zum Frühstück – Delikatessen, in denen die vier wichtigsten Nahrungsmittel enthalten sind, sage ich mir immer wieder: Milch, Eier, künstliche Aromastoffe und Cholesterin.

Ich bin dankbar dafür, dass ich noch nie Hunger leiden musste. Außer, wenn ich abnehmen wollte.

Ich bin dankbar dafür, dass ich mir dreimal die Nase gebrochen habe. Immerhin war es nicht mein Genick.

Die Dinge laufen zwar nicht so, wie ich es gerne hätte, aber ich bin dankbar, dass sie nicht so schlimm sind, wie sie sein könnten. Ich bin dankbar für eine Frau, die mich liebt und die, als es wirklich hart auf hart kam, treu, liebevoll und sanftmütig war.

Ich bin dankbar für den Sturm, der nach unserem Thanksgiving-Essen über uns hinwegfegte, denn er hat mich daran erinnert, dass wir in der Kälte enger zusammenrücken und uns gegenseitig brauchen.

Ich bin dankbar für die tiefen Täler, denn auf den Berggipfeln wächst nichts. Grün ist es nur unten im Tal, wo der Dreck ist.

Ich bin dankbar für die Dunkelheit. Nur dann kann ich die Sterne sehen.

Ich bin dankbar dafür, dass sich meine Hoffnung nicht auf die Dinge dieser Welt richtet und dass ich mehr habe, worauf ich mich freuen kann, als nur den nächsten Tag. Ich kann mich auf die Ewigkeit freuen.

Ich bin dankbar, dass ich jemanden habe, dem ich Danke sagen kann.

Und ich bin dankbar für drei wunderbare Kinder, die Gottes Geschenk an mich sind. Sie füllen unser Leben mit Lachen, Energie, Unfug und Liebe. Ich bin dankbar, dass sie jetzt endlich alle eingeschlafen sind.

Ich glaube, das werde ich jetzt auch tun.

7 Den Umschlag, bitte

Gottes weiseste Kinder sind oft diejenigen,
die den Schmerz aushalten, statt ihn zu vermeiden.
CHARLES R. SWINDOLL

In Hollywood macht man es. In Nashville auch. Die Film-
und Musikindustrie überschlagen sich förmlich, um Super-
stars den Bauch zu pinseln und ihnen in ausgedehnten Ze-
remonien Trophäen zu überreichen. Aber nur allzu oft ehrt
man in unserer Kultur die Berühmtheiten und vergisst die
Heiligen. Wir stellen die Stars in den Vordergrund und die
Diener ins Eck. Zum Glück ist das aber nicht immer so.
Neulich hatte ich die Ehre, am Prairie Bible College jemandem eine sehr ungewöhnliche Auszeichnung zu verleihen.

Es war ein ernsthaftes Wochenende. Ehrengäste aus aller
Welt waren versammelt, um der Verleihung der Abschlüsse
an die Studenten beizuwohnen. Und mittendrin bat man
mich, einem Dozenten, der in den Ruhestand ging, eine
Auszeichnung für besonderen Humor zu verleihen, weil er
dafür bekannt war, auch in schweren Zeiten zu lachen. Als
ich aufstand, fragte ich mich, wie die Zuschauer das wohl
auffassen würden.

»Es jagt mir eine gehörige Gänsehaut über den Rücken,
dass ich einem nicht unbekannten Mann eine Auszeichnung

verleihen soll«, fing ich an, »obwohl man sich vielleicht wünscht, er wäre es … bei den Witzen, die er manchmal erzählt. Neulich sprach mich Dr. Gerald Wheatley an und sagte: ›Kennen Sie den von den zwei Kannibalen, die einen Clown gegessen haben? Sagt der eine zum anderen: Schmeckt das nicht irgendwie komisch?‹ Dr. Wheatley kann beim Essen so lange Kannibalen-Witze erzählen, bis das teller-große Steak vor Ihnen gar nicht mehr appetitlich aussieht. Wie zum Beispiel: Was bekommt ein Kannibale, der zu spät zum Essen kommt? – Die kalte Schulter. Oder: Was machen Kannibalen aus Medizinern? – Hot Docs. Sein Lieblingswitz ist der von dem Kannibalen, der gern italienisch aß. Er be-stellte eine Pizza mit allen drauf.«

Obwohl die Witze etwas abgedroschen waren, schienen alle zu lächeln.

»Dr. Wheatley«, fuhr ich fort, »wir sind dankbar, in Ihnen einen Mann zu haben, der Gott ernst nimmt, der aber auch überzeugt ist, dass das Leben viel zu ernst ist, als dass man nicht auch mal kräftig lachen sollte. Ich möchte Ihnen heute zwei Auszeichnungen verleihen.«

»Zunächst einmal«, sagte ich, als ich diesem namhaften Professor eine Packung Kichererbsen überreichte, »danke ich Ihnen für Ihren überragenden Dienst, ganz besonders während der Kaffeepausen im Lehrerzimmer. G. K. Chester-ton meinte einmal, Engel könnten deshalb fliegen, weil sie sich selbst nicht so viel Gewicht beimessen. Das scheint auf Sie auch zuzutreffen. Danke für alle Witze. Danke für das Vorbild, das Sie uns waren. Danke, dass Sie uns daran erin-nert haben, dass diejenigen, die lachen, bis zuletzt durchhal-ten. Und daran, dass Christen nicht aussehen sollten, als hätte man sie mit Zitronensaft getauft.«

Dann holte ich ein schönes Bündel Bananen heraus.

»Sie haben mir einmal erzählt, dass Politiker viel mit Bananen gemeinsam haben: Sie sind gelb, krumm und hängen immer im Bündel zusammen. Deshalb möchte ich Ihnen den Reife-Bananen-Preis überreichen.« Lachen erfüllte den Raum.

»Dr. Wheatley«, sagte ich zum Schluss, »mögen Sie älter werden als Ihre Witze.«

Nicht jeder Mensch auf dieser Erde, der Schweres durchgemacht hat, trägt ein Abzeichen, das er vorzeigen kann. Aber wenn ich könnte, würde ich gerne den folgenden fünf Personen ebenfalls eine Stinktier-Auszeichnung verleihen. Bitte den Umschlag für …

Bis vor vier Jahren war das Leben von Carol McMillan nahezu vollkommen gewesen. Die in Miami lebende 75-Jährige war bei guter Gesundheit, seit 54 Jahren glücklich verheiratet, hatte einen Sohn und drei Enkelkinder, die sie für die klügsten und schönsten Kinder der Welt hielt. Aber innerhalb von nur drei Monaten wurde ihre ganze Welt auf den Kopf gestellt. Es fing an einem Novembertag an, als ihr Mann, der an Krebs erkrankt war, ihr für immer Lebewohl sagte. Einen Monat später, kurz nach Weihnachten, kam es noch schlimmer. Ihr einziger Sohn hatte sich das Leben genommen und drei wunderbare Kinder voller Fragen zurückgelassen. Als sie noch trauerte, wurde in ihr Haus eingebrochen, und fast alle Wertgegenstände wurden gestohlen. »Mein Leben war umhüllt von einer dunklen Wolke«, erzählte mir Carol.

Einsam, verlassen und verängstigt saß sie stundenlang mit Tränen im Gesicht am Klavier und spielte Lieder aus einem alten Gesangbuch. Eines Tages, als sie Geschirr spülte, schien eine Stimme aus dem Radio die dunkle Wolkendecke zu zerreißen. »Das Gestern ist Geschichte«, sagte die Stimme, »das Morgen noch verborgen, aber das Heute ist ein Geschenk.«

Zum ersten Mal seit Monaten verirrte sich ein Lächeln in Carols Gesicht. »Dieser Satz war der Wendepunkt für mich«, sagte sie später. »Gestern ist vorbei. Wer weiß, ob Morgen jemals kommt. Aber das Heute wird mir geschenkt. Man könnte sagen, dieser Satz war die beste Schönheitschirurgie für mein Gesicht.« Zum ersten Mal seit über einem Jahr ging Carol wieder in die Kirche. Und vor ein paar Wochen lud ein junger, bezaubernder 73-Jähriger sie zum Essen ein, und Carol nahm die Einladung an.

Eines Sonntagabends saßen die beiden bei ihr im Wohnzimmer, während Carol die Lieder aus dem alten Liederbuch spielte »Du spielst wunderbar«, sagte er. »Ich bin froh, dass das Klavier für die Einbrecher zu groß war.«

Als sie ihre 96-jährige Mutter im Altersheim besuchte und ihr erzählte, dass sie einen Freund hatte, musste sie über die Reaktion ihrer Mutter lachen. »Ist er nicht viel zu jung für dich?«, meinte ihre Mutter augenzwinkernd.

Ich wollte gerade von einer fünftägigen Geschäftsreise nach Hause fliegen und freute mich schon darauf, mit meinen Kindern zum Abendessen zu Spunky's zu gehen, ihrer Lieblings-Hamburgerbude. Schon bald hörte ich allerdings den Piloten ankündigen: »Es tut mir leid, meine Damen und Herren, aber heute morgen haben wir etwas Verspätung. Triebwerk zwei verliert Öl. Das dürfte aber in einer Stunde behoben sein.« Wenig später meldete er sich wieder. »Immer mit der Ruhe«, sagte er. »Die Mechaniker arbeiten an Triebwerk zwei.« Bei der dritten Durchsage fing ich an, mir um meinen Anschlussflug Sorgen zu machen.

Als die Zeit verging, fing ich an, die Durchsagen des Piloten zu zählen. Die vierte: »Wir müssen ein paar anderen Flugzeugen den Vortritt lassen.« Die fünfte: »Wir warten auf eine freie Startbahn.« Elf Durchsagen und viele Stunden später kamen wir in

Chicago an, wo ich entgegen den Beteuerungen des Piloten feststellen musste, dass die Kinder schon im Bett waren, bis ich nach Hause kam.

Als ich an jenem Abend schließlich erschöpft zur Tür hereinkam, standen alle drei im Schlafanzug da und freuten sich, mich zu sehen. »Papa, wir haben Hunger«, sagten sie.

»Wie wär's mit einem Spunky-Burger?«

»Jaaa!«

Also stiegen wir ins Auto – die Kinder im Schlafanzug. Das war nicht mein ursprünglicher Plan gewesen, aber er funktionierte. Die Kinder fanden es sogar viel lustiger, als wenn ich drei oder vier Stunden früher gekommen wäre. Indem wir das Beste aus dieser Enttäuschung gemacht haben, haben wir etwas geschaffen, an das wir uns immer erinnern werden.

Ich mag diesen Spruch des Autors und Pastors Kent Hughes: »Gott interessiert nicht so sehr, ob wir an unser Ziel kommen, als vielmehr, wie wir dorthin kommen. Für uns ist das Wichtigste, ans Ziel zu kommen, aber für Gott ist der Weg dorthin viel wichtiger, denn auf dem Weg werden wir geformt, und in unserem Leid wird er verherrlicht, wenn wir ihm vertrauen.«

DAVID SANFORD, PORTLAND, OREGON/USA

Es war ein ziemlich turbulentes Jahr. Vor vier Monaten lebten noch sieben Personen und zwei Hunde in unserem Haus. Heute wohnen hier nur noch mein Mann und ich. Unsere drei Kinder, ein Austauschstudent aus Schweden und mein Schwiegervater sind alle ausgezogen. Was die Sache noch komplizierter macht, ist, dass bei meiner Mutter Alzheimer festgestellt wurde.

Vor Jahren hatte ich einmal beschlossen, dass ich vielleicht nicht meine Lebensumstände in der Hand hatte, wohl aber meine Einstellung. Also entschied ich mich, an jedem Tag etwas Positives zu finden. Manchmal ist das ein Sonnenuntergang, der unerwartete

Besuch einer Freundin von weither, das bunte Bild eines Zehnjäh-
rigen, dass der Hund sich freut, wenn ich nach Hause komme oder
einfach nur ein Comic von Calvin & Hobbes vor dem Schlafenge-
hen. Wer lacht, schläft besser. Und ich merke auch, dass in einem
Haus, in dem gelacht wird, mehr Menschen sind.

JENNIFER BROWN, SWAN RIVER, MANITOBA/KANADA

Diabetes bedeutet für mich, dass ich mir zweimal am Tag Insulin
spritzen muss, dass ich aufpassen muss, was ich esse und wann ich
es esse, und dass ich viermal am Tag meinen Blutzucker messen
muss, damit mein Blut nicht wie Ahornsirup durch meine Adern
fließt. Seit ich sieben Jahre alt bin, gehört das zu meiner täglichen
Routine. Fünfundzwanzigtausend Insulinspritzen später zeigen
sich die Folgen dieser Krankheit. Meine Nieren haben versagt, und
ich bin seit zwei Jahren Dialysepatient. Ein Spenderorgan ist noch
nicht in Sicht.

Dreimal in der Woche für jeweils vier Stunden ins Krankenhaus
zu gehen und zuzusehen, wie hundert Liter Blut durch Schläuche,
Filter und Maschinen laufen, ist nicht besonders appetitlich – es sei
denn, man heißt Dracula. Aber bei all dem haben mir gute Freunde
und eine gesunde Ehe Kraft gegeben. Eine Sache war allerdings
besonders schwer. Da in meinem Körper immer Giftstoffe sind und
die Medikamente, die ich nehmen muss, mich müde machen, ist
es jetzt noch schwerer, einer Predigt zuzuhören, als als kleiner
Junge. Eines Abends habe ich mit meinem Pastor über dieses Pro-
blem gesprochen. Er meinte, ich dürfe ruhig hinausgehen, wenn
ich zu müde sei, oder mich auf die Kirchenbank legen, wenn Platz
sei.

Eines Sonntags überkam mich die Wirkung der Medikamente
besonders stark, und mir blieb nichts anderes übrig, als mich hinzu-
legen. Und dann erfuhr die Gemeinde, dass ich schnarchte! Zum
Glück ist es nicht so ein Sägen, mit dem man ganze Wälder fällt.

Aber hinterher meinte ein Besucher: »Ich habe schon öfter Men-
schen gesehen, die bei der Predigt eingeschlafen sind, aber ich habe
noch niemanden gesehen, der sich tatsächlich hingelegt hat!«

HOWARD BLANK, CALGARY, ALBERTA/KANADA

Mein Mann, Gerry, und ich waren glücklich verheiratet und unter-
richteten an einer Universität in China Englisch. Plötzlich wurde bei
ihm ein unheilbarer Gehirntumor festgestellt. Wir beteten, dass Gott
uns als Folge dieser Krankheit Gelegenheiten schenken möge, von
unserem Glauben zu erzählen. Und er beantwortete unser Gebet fast
augenblicklich. Unsere Zimmergenossen im Krankenhaus kamen aus
Bangladesch, Oman, Vietnam und Thailand. Wir fingen an, ihnen
auf jede erdenkliche Art zu dienen. Wenn ich Gerry Obst brachte,
brachte ich den anderen auch etwas mit. Wenn jemand aufgewühlt
war, trösteten wir denjenigen, beteten mit ihm und erzählten von
Jesus. Ich fing an, jeden Monat eine Liste mit segensreichen Dingen
und Gebetserhörungen zu schreiben. Meistens war die Liste etwa
eineinhalb Seiten lang. Wir hielten Ausschau nach den segensreichen
Dingen und Gebetserhörungen und dankten Gott, wenn sie kamen.

Eines Morgens wachte Gerry auf und schien unruhig zu sein.
»Was ist los?«, fragte ich. »Ich bekomme kaum Luft«, sagte er.
Nach einigen weiteren röchelnden Atemzügen legte mein geliebter
Mann seinen Kopf friedlich zur Seite und war mit Jesus in Gottes
Gegenwart. Es war Ostersonntag.

Gott hat jede einzelne Verheißung, die er uns gegeben hat, er-
füllt. Ich weine, während ich diese Worte schreibe, weil ich meinen
Mann so sehr vermisse. Aber ich danke Gott für das Opfer, das
Jesus gebracht hat, damit Gerry und ich beide ewiges Leben haben
können. Ich sehne mich danach, Gott noch besser kennenzulernen
und schon bald mit Gerry vor seinem Thron zu stehen und ihn an-
zubeten.

BONNIE IRVINE, KELOWNA, BRITISH COLUMBIA/KANADA

Diese Woche haben meine Frau und ich in dem Altenheim, in dem wir wohnen, unseren einundsechzigsten Hochzeitstag gefeiert. Vor Kurzem bekamen wir die Erlaubnis, vor unserer Tür ein schwarzes Brett aufzuhängen. Diese Woche habe ich folgende Worte in Groß-buchstaben dort aufgehängt, damit auch die älteren Bewohner sie noch lesen können: »Ehre den heutigen Tag.«

RALPH JOHNSON, PITTSBURGH, PENNSYLVANIA/USA

Stinktier-Vertreiber

Einige Gebete von Kindern, die Gott danken:

Lieber Gott, danke, dass du meinem Goldfisch ein langes Leben geschenkt hast.
JUSTIN, 6 JAHRE

Lieber Gott, danke, dass du meine Eltern erfunden hast.
ADAM, 5 JAHRE

Gott, danke, dass ich eine Schwester und einen Hamster bekomme.
LOUIS, 6 JAHRE

Danke, Gott, dass du so eine tolle Sonne und so einen tollen Regenbogen und so eine tolle Mama gemacht hast.
YONI, 6 JAHRE

Lieber Gott, danke für die Luft.
SHAWN, 7 JAHRE

Lieber Gott, ich bin so froh, dass du immer auf mich aufpasst.
MAX, 6 JAHRE

Wer aus dem Fluss trinkt, sollte an die Quelle denken.
CHINESISCHES SPRICHWORT

Lobt den Herrn, den allmächtigen Gott,
denn er ist gut, und seine Gnade hört niemals auf!
JEREMIA 33,11

Teil 2

Wenn die Gelegenheit anklopft, beklagen Sie sich nicht über die Störung

Wer kann dich wirklich trösten? – Nur die Leidtragenden.
ERIC CLAPTON

In allen Schwierigkeiten ermutigt er uns und steht
uns bei, so dass wir auch andere trösten können,
die wegen ihres Glaubens leiden müssen.
Wir trösten sie, wie Gott auch uns getröstet hat.
2. KORINTHER 1,4

Liebe Brüder und Schwestern! Betrachtet es als Grund
zur Freude, wenn euer Glaube immer wieder hart auf die
Probe gestellt wird. Denn durch solche Bewährungsproben
wird euer Glaube fest und unerschütterlich.
JAKOBUS 1,2-3

Vor Kurzem lernte ich Mary Jean kennen, eine extrovertierte, 45-jährige Frau mit einem Diplom im Schwierigkeitenmeistern. »Ich bin so klein«, meinte sie lachend, als sie ihre Hand hochstreckte, um meine zu schütteln, »dass sie mir mit dem Führerschein auch ein Sehrohr überreicht haben.« Während wir uns unterhielten, bemerkte ich, dass Mary Jean ständig auf meinen Mund schaute. Ich fragte sie, ob ich Senf an der Lippe hängen hätte. »Nein«, meinte sie lächelnd, »ich bin taub.«

Aber noch vor sechs Monaten gab es für Mary Jean nichts zu lachen. Ihr Mann hatte sie nach 28 Jahren Ehe verlassen. »Er ist jetzt in Florida«, sagte sie, »und geht anderen Interessen nach.« Vor einem Monat litt sie unter einer tiefen Depression. Eines Morgens fing sie an zu beten, dass Gott ihr helfen solle, ihre Einstellung zu ändern. »Zum ersten Mal seit Wochen zog ich mich an, ging in den Schreibwarenladen und kaufte Briefkarten. Ich habe die Karten mit einer kurzen Nachricht in alle Briefkästen in unserer Straße verteilt. Auf den Karten stand: ›Ich bin die Dame aus dem blauen Haus. Keine Angst, ich bin nicht durchgeknallt. Ich möchte Ihnen nur sagen, dass ich für Sie bete.‹« Noch am selben Tag kam eine Witwe aus ihrer Straße zu ihr und fragte, wie sie es schaffe, alleine zurechtzukommen. Am nächsten Tag klopfte ein schwangeres Mädchen an die Tür. »Sie beten für mich?«, sagte sie weinend. »Sonst werde ich immer nur verurteilt.«

Bei manchen Menschen verursacht Leid Verbitterung, Wut und eine negative Haltung. Sie riechen Blumenduft … und schauen sich sofort nach einer Beerdigung um. Aber für Mary Jean war das Leid eine Gelegenheit. Sie hatte eine neue Möglichkeit, Mitgefühl zu entwickeln und es praktisch in die Tat umzusetzen. Jetzt ist es unwahrscheinlich, dass sie sich abwenden wird, wenn andere leiden. Sie wird sich anderen eher zuwenden, als sich abzuwenden. Sie wird eher zuhören, als schlaue Ratschläge zu erteilen. Sie weiß, dass Rosen Dornen haben. Sie bekam sie selbst zu spüren. Aber sie weiß auch aus eigener Erfahrung, dass eine Rose ein Lächeln auf ein Gesicht zaubern kann. Deshalb pflückt sie die Rosen sehr vorsichtig und gibt sie weiter.

8 Hilfe! Die Kinder schießen wie Pilze aus dem Boden!

Meine Frau schenkte gesunden, kräftigen Zwillingen
das Leben. Sie heißen Dean und Patrick.
Nochmals herzlichen Dank an alle Beteiligten.
AUS EINER GEBURTSANZEIGE

Die Frau eines Armeeoffiziers saß die ganze Nacht in einem Transatlantikflug, um zu ihrem Mann zu kommen, der im Auslandseinsatz war. Sie kam mit neun guten Gründen, erschöpft zu sein, am Rhein-Main-Stützpunkt an. Als sie aus dem Flugzeug stieg, folgten ihr alle neun – der älteste war gerade mal elf Jahre alt.

Sie sammelten ihre unzähligen Koffer ein und stellten sich mit viel Tumult am Zoll an. Ein junger Beamter starrte sie mit weit aufgerissenen Augen ungläubig an.

»Ma'am«, sagte er, »gehören die alle zu Ihnen?«

»Ja«, erwiderte sie seufzend. »Die gehören alle zu mir.«

»Und was ist mit dem Gepäck? Gehört das auch alles Ihnen?«

»Ja«, sagte sie und nickte. »Das gehört auch alles mir.«

»Ma'am«, fuhr er fort, »führen Sie Waffen, Schmuggelware oder Drogen mit sich?«

»Sir«, antwortete sie ruhig, »wenn ich so etwas hätte, hätte ich schon längst Gebrauch davon gemacht.«

Vielleicht können Sie mit dieser armen Frau mitfühlen. Meine Frau und ich können es jedenfalls. Nachdem wir drei Kinder innerhalb von drei Jahren bekommen hatten, beschlossen wir, ein paar Bücher über Kindererziehung zu lesen. Eines davon riet, dass man früh lernen müsse, seine Kinder in Grenzen zu halten. Das erschien uns einleuchtend, und wir beschlossen, dass wir die Grenze bei drei ziehen wollten.

Wenn ich heute zurückschaue, dann bin ich Gott dankbar, dass wir nicht schon bei zwei aufgehört haben. Wenn Sie die folgende Geschichte gelesen haben, werden Sie wahrscheinlich verstehen, warum.

An einem warmen Septemberabend saß ich mit meiner Frau und zwei sehr kleinen Kindern beim Abendessen. Es war ein guter Tag gewesen, und ich neigte den Kopf und betete laut: »Danke, Herr, dass du es so gut mit uns meinst. Danke für den Schinken und die Kartoffeln und für unsere beiden Kinder. Danke für guten Schlaf und genug Geld, um alle Arztrechnungen zu bezahlen. Wir sind reich gesegnet, Herr. Wir bitten dich, segne uns auch weiterhin. In Jesu Namen, Amen.«

Als ich wieder aufsah, herrschte Schweigen. Ramona starrte mich mit einem sehr angespannten Gesichtsausdruck an und sah aus, als wüsste sie nicht, ob sie lachen oder weinen sollte. Ich stieß meine Gabel in die Kartoffeln. »Na, wie war dein Tag?«, fragte ich.

Wieder Schweigen. Als ich aufsah, entdeckte ich Tränen in Ramonas Augen.

»Was ist los?« Ich war gerade mit meiner Kartoffel beschäftigt.

»Nichts. Iss nur weiter. Ich bin nur nicht so dankbar.«

»Komm schon«, sagte ich mit vollem Mund. »Wasch isch losch?«

»Schatz …« Sie senkte kurz den Blick. »Ich … ich … ich bin … schwanger.«

Mich überkam ein heftiger Würgereflex. Ich hustete laut, griff nach einem Glas Milch und kippte es hinunter wie die Cowboys in den alten Westernfilmen ihren Whisky. Dann erwiderte ich ganz ruhig: »WAS? DAS IST UNMÖGLICH! RACHAEL IST DOCH ERST DREI TAGE ALT!«

»Drei Monate«, korrigierte sie mich.

»Aber das kann doch nicht sein. Du willst mich auf den Arm nehmen, stimmt's? Sehr witzig, Schatz. Kann ich bitte den Schinken haben?«

Wieder Schweigen. Die Tränen liefen jetzt über ihr trauriges Gesicht.

»Und dabei hatte ich gerade das Gefühl, wieder genug Kraft zu haben, um morgens aufzustehen«, sagte sie leise und starrte dabei zum Fenster hinaus auf den Sonnenuntergang.

Ich schaute auf meinen Teller und stach auf die Kartoffel ein. Das letzte Mal, dass ich so überrascht gewesen war, war, als ich einen Krimi gesehen hatte, in dem die nette alte Dame, die jeden Morgen am Zaun stand und dem Schulbus hinterherwinkte, ihrem Mann Gift in den Tee getan hatte.

Im Juni landeten wir auf der Wochenstation. Seit jener Überraschung beim Abendessen waren 33 Wochen vergangen. Zeugen dieses intimsten aller Momente waren außerdem der Arzt, sein Assistent, die Hebamme, der Kinderarzt, der Anästhesist, der Hausmeister, der Gehilfe des Hausmeisters und drei Medizinstudenten. Ich war drauf und dran zu fragen, ob sie die Geburt nicht gleich im Fernsehen übertragen wollten.

Aber Ramona schien es gar nicht zu bemerken. Jeffrey Paul war soeben auf die Welt gekommen. Seine Geburt war auch nicht anders als die unserer anderen beiden Kinder. Aber man brauchte kein Abitur, um zu merken, dass er ganz anders war. Vom ersten Tag an zeigte Jeffrey uns deutlich, bis spät in die Nacht hinein, dass er nicht hier sein wollte. Es war nicht seine Entscheidung gewesen, und jetzt sollte jemand anderes dafür büßen.

Sein Wimmern war herzzerreißend, aber bei seinem durchdringenden Geschrei rollten sich einem die Zehennägel auf. »Er hat Koliken«, erklärte mir meine Frau. »Das hatte ich in seinem Alter auch, und du angeblich auch.« Ich fragte sie, ob diese Information nun hilfreich sei.

Als er alt genug war für den Schnuller, tauchte ein anderes Problem auf: Jeffrey wurde – nun ja – aggressiv. Er war der geborene Kandidat für den Vorsitzenden der Gesellschaft der Dickschädel. Wenn er etwas wollte, setzte er alle Hebel in Bewegung, um es zu bekommen.

»Du hast doch mal gesagt, Kinder seien ein Geschenk des Himmels«, sagte Ramona eines Abends, als sie sich aufs Sofa legte und nach Luft schnappte. »Ich weiß jetzt, warum Gott das hier weggegeben hat.« Glücklicherweise meinte sie es nicht ernst, aber es waren anstrengende Tage. Es fühlte sich an, als leiteten wir einen Kinderhort, der rund um die Uhr geöffnet hat. Unsere Ausgaben für Windeln waren höher als in manchen Ländern das durchschnittliche Jahreseinkommen der Menschen. Das Haus zu putzen war, als würde man während eines Schneesturms Schnee schippen. Eines Tages im Winter sagte ich zu Ramona: »Zeig mir ein Kind, dem man gerade mehrere Schichten von Kleidern angezogen, es in den Schneeanzug gesteckt und ihm die Schlittschuhe angezogen hat, dann verrate ich dir, wer als Nächstes auf die Toilette muss.«

Eines Sonntags, nach dem Gottesdienst, standen wir in einem Selbstbedienungsrestaurant in der Schlange und sahen entsetzt, wie Jeffrey eine wildfremde Frau schlug – vielleicht nur aus purer Freude daran, zuzuschauen, wie sie sich vor Schmerz das Knie rieb.

»Glaubst du, er könnte vielleicht gar nicht unser Sohn sein?«, meinte ich nachmittags. »Du kennst doch die Geschichten von den vertauschten Babys auf der Säuglingsstation.«

»Nee«, meinte meine Frau. »Dazu ist er dir viel zu ähnlich.« Sie hatte recht.

Als ich geboren wurde, waren meine Eltern schon alt genug, um die Entbindung von ihrer Rente zu bezahlen. Die anderen Frauen bei uns im Ort sprachen hinter dem Rücken meiner Mutter darüber. »Was denken Sie sich eigentlich dabei, noch ein Kind zu bekommen, wo Ihre biologische Uhr doch schon auf fünf vor zwölf steht?«, fragte eine einmal.

Manche nannten mich Nachzügler.

Andere Nesthäkchen.

Meine Lehrer meinten, ich sei ein Ausrutscher gewesen.

Aber von meinen Eltern hörte ich nie solche Worte. Stattdessen sagten sie: »Ich liebe dich«, oder: »Ich weiß gar nicht, was ich ohne dich tun würde.« Und sie zeigten mir diese Liebe auch praktisch. Ich war genauso geliebt wie die anderen.

Und genauso wird es auch mit Jeffrey sein. Nicht, weil uns nichts Besseres einfällt oder weil es heldenhaft ist, sondern weil ich hoffentlich nie vergessen werde, dass Gott uns zu den Überraschungen unseres Lebens immer seine Gnade schenkt.

Und weil es stimmt: Ich kann mir ein Leben ohne diesen Teenager nicht mehr vorstellen. Ein Leben ohne sein Lachen. Ich wünschte, Sie könnten ihn kennenlernen. Jeffrey hat einen Hunger wie ein Bär, ist so neugierig wie eine

Katze, hat die Energie einer Atombombe und die Lungen eines Opernsängers. Ich habe ihn schon ein paar Mal aus meinem Büro verbannt, aber ich werde ihn nie aus meinem Leben verbannen. Manchmal, wenn meine Träume wie ein Scherbenhaufen zu meinen Füßen liegen und meine Welt im Chaos versinkt, kommt Jeffrey daher und bringt mit drei einfachen Worten alles wieder in Ordnung: »Ich liebe dich, Papa.« Mitten in meinen vollen Zeitplan hat Gott ein kleines Kind geschickt, damit ich wieder lachen lerne.

Als er noch klein war, fuhren wir einmal vom Gottesdienst nach Hause, und er stand auf dem Rücksitz und sang lauthals: »Liebe macht mich blind ... so weit das Auge reicht ... Liebe macht mich blind.« Ich lächelte Ramona an und fragte Jeffrey, wo er das Lied gelernt habe. »Das habt ihr Erwachsenen in der Kirche gesungen«, sagte er. Als wir eines Abends beim Abendessen saßen, erklärte er uns: »Am liebsten mag ich in der Sonntagsschule das Singen.«

Man kann seinen Kindern kaum zuhören, ohne zu lachen. Und man kann kaum zuhören, ohne zu lernen.

Und wenn wir genau genug zuhören, dann können wir vielleicht etwas ganz Wichtiges über Überraschungen lernen: Wenn Gott uns eine Überraschung schickt, sollten wir sie von ganzem Herzen annehmen. Und wenn die Gelegenheit anklopft, sollten wir uns nicht über die Störung beklagen.

Wäre es möglich, dass unsere größten Kämpfe auch gleichzeitig der beste Ausgangspunkt für Freude, Erfolg und Einfluss sind? Der Start in etwas Neues, Unerwartetes, ja sogar Fantastisches?

Doug Nichols glaubt das. Ich möchte Sie mit ihm bekannt machen.

9 Held wider Willen

Gib niemals auf! Gib niemals auf! Niemals! Niemals!
Niemals! Niemals! Weder bei großen noch bei kleinen
Dingen, bei wichtigen oder unwichtigen – gib niemals auf,
es sei denn, die Ehre oder der gesunde Menschenverstand
gebieten es.
SIR WINSTON CHURCHILL, DER MEHR ALS
300.000 ZIGARREN GERAUCHT HAT.

Gestern kamen unsere Kinder von der Schule nach Hause
und präsentierten uns zögernd ihre Zeugnisse. Kein Trom-
melwirbel. Keine Siegesfanfaren. Keine Lobeshymnen. Heute
sind wir bei den Lehrern gewesen und haben uns entschul-
digt.

Ich sage meiner Frau immer wieder, dass es Wichtigeres
gibt als eine Eins in Mathe, und dass wir eben mehr Wert auf
Integrität, Gewissenhaftigkeit und Charakter legen. »Charakter?«, erwidert sie. »Dann haben wir ja schon was erreicht, Schatz. Wir erziehen hier echte Charakterköpfe.«

Sie wissen sicher, dass es zum Risiko der Kindererziehung dazugehört, dass man letztlich nie weiß, was die eigenen Sprösslinge schreiben, denken, sagen oder zertrümmern.
Eines Tages setzte Rachael alle ihre Puppen nebeneinander
aufs Bett und legte vor jede ein Blatt Papier und einen Blei-

stift. »Was machst du da?«, fragte ich sie, als ich die Nase zu ihrer Tür hereinstreckte. »Ich spiele Schule«, antwortete sie. »Ich bin die Lehrerin, und das … sind meine Gefangenen.«

Vor einiger Zeit besuchte Ramona eine ehemalige Freundin von uns, die selbst zugab, dass sie Figurprobleme hatte. Sie hatte sich durch alle möglichen Diäten und Kühlschränke gekämpft. Jeffrey, der damals vier war, sah die liebenswerte Frau über den Tisch hinweg an und sagte sehr ernst: »Wusstest du, dass die Dinosaurier noch viel dicker waren als du?«

Sie haben sich bestimmt gewundert, warum ich »*ehemalige* Freundin« schreibe.

Natürlich gibt es auch Momente, in denen unsere Kinder uns auf andere Art überraschen, Momente, in denen wir sehr stolz sind, ihre Eltern zu sein. In der sechsten Klasse hatte Stephens Lehrer die Schüler einmal aufgefordert, den Namen ihres Helden aufzuschreiben. Ein Kind schrieb »Bart Simpson«. Ein anderes »Mutter Theresa«. Stephen schrieb zwei kleine Worte auf das Blatt: »Mein Vater«.

Ab jenem Tag bekam er mehr Taschengeld von mir.

Ich beschloss, mit ihm in Disney World zu gehen.

Ich kaufte ihm Anlagefonds.

Nein, das war natürlich nur Spaß. Aber seine schmeichelhaften Worte erinnerten mich daran, dass Gott auch in Charakterköpfen Charakter prägt. Und er kann das sogar bei den unwahrscheinlichsten Kandidaten.

Ich will ihnen von so einem Charakterkopf erzählen.

Er ist einer meiner Helden und heißt Doug.

Wenn es in der Schule Urkunden für Versager gäbe, hätte Doug Nichols auch ohne Abstimmung eine bekommen.

Doug kam 1942 auf die Welt – im gleichen Jahr, als sein Vater die Familie wegen einer anderen Frau verließ – und wurde von seiner Mutter und seinem Großvater erzogen. Schon bald war er als Unruhestifter bekannt, weshalb er seinen Schulabschluss sechs Monate vor seinen Klassenkameraden bekam.

»Hallo Doug«, begrüßte ihn der Schulleiter eines Tages, »ich mache dir einen Vorschlag.«

Der hochgewachsene, dürre Teenager stand unruhig vor seinem obersten Chef und fragte sich, ob dieser Vorschlag wohl war, dass er gleich von der Schule flog.

»Wenn du mir versprichst, dass du nach Weihnachten nicht wiederkommst, gebe ich dir dein Abschlusszeugnis jetzt.«

Doug lächelte. Er lachte. Und er nahm bereitwillig an.

Als er aufs College kam, waren Dougs Hauptfächer Alkohol und Frauen. Seine nächtlichen Streifzüge waren bekannt, und sein Ruf eilte ihm voraus. Wer sich amüsieren wollte, musste sich an Nichols halten. Was auch immer er tat, er ging aufs Ganze.

Während der Semesterabschlussarbeiten kam er eines Nachts aus der Stadt in sein Zimmer zurück. Mithilfe der Wände links und rechts schaffte er es, den schwankenden Gang entlangzutaumeln.

Da stand ein Studienkollege vor ihm, Hank Jaegers.

»Hallo Doug«, sagte Hank, »willst du einen Kaffee?«

Als sie in Jaegers Zimmer waren, hörte sich Nichols zwischen großen Schlucken starken, schwarzen Kaffees eine sehr, sehr alte Geschichte an, die ihm sein neuer Freund erzählte. Es war die Geschichte eines Mannes, der lieber sterben wollte, als ohne Doug zu leben. Der Kaffee hatte Doug wieder nüchtern gemacht. Die Geschichte veränderte sein Leben. Er saß kopfschüttelnd auf einem Klappstuhl. Jesus liebt mich? Um halb fünf Uhr morgens kniete Doug sich in einem kleinen Zimmer in einem Studentenwohnheim irgendwo in Kalifornien auf den Boden und bat Gott, sein Leben für immer zu verändern. »Ich war mit Kaffee abgefüllt«, erinnert er sich, »aber ich hatte verstanden, dass Jesus gestorben war, damit ich mit ihm leben konnte. Also vertraute ich ihm.«

Zum ersten Mal in seinem Leben hatte Doug einen Vater. Das Abenteuer hatte gerade begonnen.

Am nächsten Morgen bewaffnete sich dieser frischgebackene Christ mit einer dicken, schwarzen Studienbibel, entdeckte aber schon bald ein Problem. Seine Noten waren schon seit dem Kindergarten immer schlechter geworden, und er konnte kaum einen Absatz lesen.

Ein Jahr später kam ein Brief von Hank Jaegers, der inzwischen am Prairie Bible College in Kanada war. »Komm doch auch«, schlug Hank vor.

Aber Jaegers hatte keine Ahnung, welchen Preis sein Freund dafür zahlen musste. »Damals war ich verlobt und wollte heiraten«, erzählt Nichols, »und der Vater meiner Verlobten hatte mich vor die Wahl gestellt. Ich konnte in Kalifornien bleiben, würde einen nagelneuen Cadillac, ein schickes Haus und eine gut gehende Firma bekommen, oder ich konnte zu den Eisbären auf die Bibelschule gehen.« Als Doug sich für Letzteres entschied, ließ seine Verlobte ihn sitzen.

»Der Cadillac steht jetzt irgendwo auf dem Schrottplatz«, meint er lachend. »Was aus dem Mädchen geworden ist, weiß ich nicht.«

Seine armseligen Schreib- und Lesekenntnisse hätten ihm auf der Bibelschule fast das Genick gebrochen. Aber 1966 schaffte er irgendwie doch den Abschluss und war entschlossen, in die Mission zu gehen. Und prompt lief er gegen eine Wand. Wegen seiner Vergangenheit und seiner schlechten Noten lehnten ihn 30 Missionswerke ab. Ein Missionswerk namens Operation Mobilisation nahm ihn schließlich an. »OM nimmt jeden«, meint Nichols scherzhaft.

Als er auf den Philippinen Tagalog lernte, gingen die niederschmetternden Erfahrungen weiter. »Doug«, meinte sein Sprachlehrer nach stundenlangem, erfolglosem Sprachtraining, »weißt du, was ›walang utak‹ heißt?«

»Nein.«

»Das hatte ich auch nicht erwartet. Es bedeutet ›ohne Gehirn‹!«

Aber Doug war clever genug, nicht aufzugeben. In den 20 Jahren, die er zusammen mit seiner großen Liebe von der Bibelschule auf den Philippinen verbrachte, lernte er eine neue Sprache, gründete Gemeinden und rief ein neues Missionswerk ins Leben: Action International. Heute werden durch die 130 Mitarbeiter dieser Mission weltweit Tausende von Straßenkinder ernährt, gekleidet, geliebt, und Doug steht im Kampf gegen AIDS in Afrika an vorderster Front.

Eines Tages predigte Doug in Indien und fing an zu husten. Als bei ihm akute Tuberkulose festgestellt wurde, schickte man ihn in ein Lungensanatorium. Umgeben von lauter Patienten, die am Verhungern waren und im Sterben lagen, fragte er sich, wie das je ein gutes Ende nehmen sollte. Unterdessen ließen die Studenten am Prairie Bible College einen Hut herumgehen, sammelten etwa 300 Dollar und schickten sie Doug in einem Umschlag. Nichols schlich sich aus dem Sanatorium davon und kaufte mit dem Geld so viele Lebensmittel, wie der Ladenbesitzer in sein Auto packen konnte. Dann bat Doug den Ladenbesitzer, mit dem Wagen rückwärts an die Tür des Sanatoriums zu fahren und schaute erfreut zu, wie die Patienten hungrig Brot, Marmelade und Obst verschlangen.

Aber als er ihnen kleine Bücher mit Bibeltexten anbot,

lehnten sie ab. Der junge Prediger war niedergeschlagen und verzweifelt. Als er eines Nachts wach lag, weil er wegen eines Reizhustens nicht schlafen konnte, bemerkte er, wie ein alter Mann versuchte aufzustehen, aber immer wieder ins Bett fiel und erschöpft weinte. Am nächsten Morgen ging ein heftiger Gestank vom Bett des alten Mannes aus, und die anderen Patienten riefen ihm laute Beleidigungen zu. Er hatte vergeblich versucht, aufzustehen und auf die Toilette zu gehen. Die Schwestern wechselten unsanft die Bettwäsche. Eine gab ihm eine Ohrfeige. Nichols sah, wie der alte Mann zusammengerollt liegen blieb und weinte.

In der nächsten Nacht, gegen zwei Uhr morgens, wachte Doug wieder auf. Der alte Mann versuchte wieder aufzustehen. Diesmal stand Doug ohne lange nachzudenken auf, hob den gebrechlichen Patienten hoch und trug ihn ins Bad. Als er fertig war, trug Doug ihn wieder ins Bett.

Der alte Mann plapperte irgendetwas in einer Sprache, die Doug nicht verstand, lächelte breit und küsste ihn sanft auf die Backe.

Am anderen Morgen wachte Doug auf, als ein anderer Patient, der kein Englisch sprach, ihm eine Tasse heißen Tee brachte. Nachdem er ihm den Tee gebracht hatte, machte der Patient Doug durch Zeichen verständlich, dass er gerne so ein Büchlein hätte.

»Den ganzen Tag kamen Leute zu mir«, erzählt Doug, »und wollten die Bücher haben.« Die Schwestern kamen. Die Ärzte. Die Patienten. In den nächsten Tagen kamen einige und erzählten Doug, dass sie die gleiche Entscheidung getroffen hatten wie er in jener Kaffee-Nacht in Kalifornien.

»Ich habe nur einen alten Mann auf die Toilette gebracht«, meint Doug lächelnd. »Das hätte jeder tun können.«

1993 musste sich Doug wieder die Diagnose eines Arztes

anhören: »Sie haben Darmkrebs, Doug. Nach der Bestrahlung und der Chemotherapie haben Sie eine 30-prozentige Heilungschance.«

»Sie meinen, ich habe eine 70-prozentige Chance zu sterben?«, verbesserte Nichols ihn.

»Äh … so würde ich das nicht sagen.«

Doug hatte keine Ahnung, welche Türen ihm der Krebs öffnen würde.

Nach der Operation kam die Bestrahlung, die Dougs Körper mit Schmerzen quälte und ihn unendlich durstig machte. Er wusste, dass er nicht mehr lange zu leben hatte. Aber nicht nur seine Welt brach zusammen. Die Abendnachrichten zeigten, dass der Bürgerkrieg in Ruanda völlig außer Kontrolle geraten war und dass über eine Million Menschen brutal abgeschlachtet worden waren, oft von ihren eigenen Nachbarn und Freunden. Verängstigte Ruander waren zu Tausenden über die Grenze in die Republik Kongo geflohen, wo sie dicht gedrängt in schmutzigen, schlecht ausgestatteten Flüchtlingslagern lebten, in denen sich Krankheiten wie Cholera nur allzu leicht verbreiteten. Überall starben Menschen. Alleine in der kleinen Stadt Goma starben in drei Tagen 50 000 Menschen. Als Doug diese schrecklichen Berichte las, kam ihm der Gedanke: *Ich würde gerne noch einige dieser sterbenden Kinder in den Armen halten, bevor ich selbst sterbe.*

Und so landete er schließlich mit einem Team von Ärzten und Schwestern mitten in Ruanda, um zu tun, was immer er konnte, um zu helfen.

Ein afrikanischer Christ hatte 300 Flüchtlinge als Bahrenträger angestellt, um die Massen an Toten wegzutragen und die Kranken zu den Ärzten zu bringen. Eines Tages kam er mit sehr besorgtem Gesichtsausdruck zu Doug. »Mr. Nichols«, sagte er, »wir haben ein Problem. Ich habe nur einen begrenzten Betrag, um diese Leute anzustellen, und jetzt wollen sie streiken.«

»Was? Mitten in all diesem Sterben und dieser Zerstörung wollen diese Menschen streiken?«

»Sie wollen mehr Geld.«

»Aber wir haben nicht mehr Geld«, erklärte ihm Doug. »Wir haben alles ausgegeben. Wenn sie nicht weiterarbeiten, werden Tausende sterben. Kann ich mit ihnen reden?«

»Das wird nichts nützen. Sie sind wütend. Wer weiß, was sie Ihnen antun werden.«

Aber Doug blieb unbeirrt. Er ging zu einem alten, zerbombten Schulgebäude, ging die Treppe hinauf und hatte keine Ahnung, was er sagen sollte. 300 wütende Männer umringten ihn und den Dolmetscher. »Mr. Nichols will etwas sagen«, rief der Dolmetscher über den Lärm hinweg.

»Ich kann mir gar nicht vorstellen, was ihr durchgemacht habt«, fing Doug an, »als ihr zusehen musstet, wie eure Frauen und Kinder brutal ermordet wurden. Ich werde nie wissen, was man dabei empfindet. Vielleicht wollt ihr mehr Geld, um Essen, Wasser und Medikamente für eure Familien kaufen zu können. Auch das ist mir fremd. Mir ist nie etwas so Tragisches passiert, das sich mit dem vergleichen lässt, was ihr erleben musstet. Das Schlimmste, was mir je passiert ist, ist, dass ich Krebs habe.«

Doug wollte schon weiterreden, als sein Dolmetscher ihn abrupt unterbrach. »Entschuldigung«, sagte er, »haben Sie gerade Krebs gesagt?«

»Ja.«

»Und Sie sind nach Afrika gekommen? Hat Ihr Arzt Ihnen das erlaubt?«

»Er hat mir gesagt, wenn ich nach Afrika gehe, würde ich wahrscheinlich innerhalb von drei Tagen sterben.«

»Das hat Ihr Arzt gesagt, und Sie sind trotzdem gekommen? Warum sind Sie gekommen? Und was ist, wenn Sie jetzt sterben?«

»Ich bin hier, weil Gott uns hierher gebracht hat, damit wir in seinem Namen etwas für diese Menschen tun«, erwiderte Nichols. »Ich bin kein Held. Wenn ich jetzt sterbe, dann begrabt mich einfach dort draußen, wo ihr alle anderen auch begrabt.«

Der Dolmetscher fing an zu weinen. Dann drehte er sich mit Tränen in den Augen zu den Arbeitern um und fing an zu sprechen.

»Dieser Mann hat Krebs«, berichtete er der Menge. Plötzlich wurden alle still. In Ruanda ist Krebs das Todesurteil. »Er ist hierhergekommen und ist bereit, für unser Volk zu sterben, und wir streiken, nur um ein bisschen mehr Geld zu bekommen? Wir sollten uns schämen!«

Plötzlich sanken immer mehr Männer auf die Knie und weinten. Einer kam zu Doug gekrochen und umschlang seine Beine. Die anderen gingen schweigend zu den Bahren und nahmen ihre Arbeit wieder auf.

Ich wünschte, Doug könnte Ihnen diese Geschichte selbst erzählen. Ich wünschte, Sie könnten dabei seine Tränen und das Lachen auf seinem Gesicht sehen.

»Was habe ich denn getan?«, fragte er mich später. »Nichts. Es war nicht meine Begabung, für Kranke zu sorgen. Es war auch nicht mein Organisationstalent. Ich hatte einfach nur Krebs. Und Gott hat diese Schwäche benutzt, um Menschenherzen zu verändern. Weil diese Männer wieder an die Arbeit gingen, konnten Tausende von Menschenleben gerettet werden, und sie konnten das Evangelium hören.«

Ich will nicht behaupten, ich wüsste warum. Aber so etwas habe ich schon oft gesehen. Gott gebraucht unsere Schwäche, unsere Einschränkungen und unsere Unfähigkeit, wenn wir sie ihm überlassen.

Heute ist Doug lebendiger denn je. Aber er ist schwer zu finden. Unser Kontakt läuft meist per E-Mail. Wenn er nicht gerade mit Bewohnern eines Müllberges in Manila betet, dann hat er vielleicht ein sterbendes Kind in irgendeinem Flüchtlingslager im Arm. Wenn er nicht gerade eines seiner beiden philippinischen Adoptivkinder besucht, dann jubelt er vielleicht, weil die Ärzte ratlos den Kopf schütteln. Der Krebs scheint verschwunden zu sein.

Vor vielen Jahren, als man den Leichnam des berühmten Afrikamissionars und Arztes David Livingstone durch die Straßen von London an seine letzte Ruhestatt in der West-minster Abbey trug, trauerten Tausende von Menschen auf der ganzen Welt.

Aber ein Mann im Besonderen weinte in der Öffentlich-keit.

Ein Freund tröstete ihn und fragte ihn, ob er Livingstone persönlich gekannt habe. »Ich weine nicht um Livingstone, sondern um mich selbst«, erwiderte der Mann. »Er lebte und starb für etwas. Ich habe für gar nichts gelebt.«

Livingstones Lebensmotto war: »Nichts, was ich besitze, hat für mich irgendeinen Wert, es sei denn, es hat einen Wert in Gottes Reich.«

So lebte David Livingstone. Und so lebt auch Doug Nichols.

Doug weiß, dass die Zukunft trüb aussieht. Der Krebs kann jederzeit wieder ausbrechen. Aber dieses Energiebün-del, das Gott von einem unbeherrschten College-Studenten in einen Missionsleiter verwandelt hat, glaubt immer noch an das, was er einem erstaunten Arzt sagte, als er mit der Diagnose »Krebs« konfrontiert wurde.

»Ich will Ihnen mal was sagen, Herr Doktor«, sagte Ni-chols mit breitem Grinsen. »Ich habe vielleicht eine 70-pro-

zentige Chance zu sterben, aber was auch immer geschieht –
ich habe eine 100-prozentige Chance, in den Himmel zu
kommen.«

Und wenn er dort ankommt, ist sein Zeugnis schon da.
Und es wird sein erstes Zeugnis überhaupt sein, in dem eine
Eins plus steht, und diese beiden Worte: »Gut gemacht.«

10 Der letzte Schuhkarton

Wenn Sie je gedacht haben, Sie seien zu klein,
um irgendetwas zu bewirken, dann waren Sie noch
nie mit einer Schnake im Bett.
ANITA RODDICK

Ich war erst vier Jahre alt, als Mrs. Muddle mich für eine
Woche adoptierte. Meine Mutter war im Krankenhaus, und
mein Vater brauchte Hilfe. Da muss sie mich wohl gesehen
haben, wie ich traurig und verloren meinen Wagen mit einer
ganzen Ladung Grashüpfer darin die Eighth Avenue bei uns
in Three Hills entlangzog. Und so nahm sie mich zu sich.
Damals waren die Nachbarn noch so. Obwohl ich es faust-
dick hinter den Ohren hatte, musste Mrs. Muddle in dieser
Woche viel lächeln. Ein Vierjähriger erinnert sich nicht an
viele Dinge. Aber er erinnert sich an ein Lächeln. Ich war
nicht ihr erstes Kind. Sie hatte noch fünf andere. Aber keines
davon schien mein Eindringen zu stören.

Mein Vater kam selbst jeden Abend herüber, um mich ins
Bett zu bringen, damit ich wusste, dass alles gut werden
würde. Aber ein Tag war nicht gut. An jenem Tag, so erzählte
man mir, fand ich ein Glas eingelegte Gurken in Mrs.
Muddles Kühlschrank. Am Ende war ich voll und das Glas
leer. Mrs. Muddle sagte nicht viel dazu. Sie hielt nur meinen

Kopf, als ich die Gurken dann in ihrem Waschbecken parkte. Sie hätte mit vollem Recht sagen können: »Ha, das geschieht dir recht, du verfressenes, kleines Waisenkind.« Aber das tat sie nicht. Ich vermute, dass ich ihr mehr wert war als ein Glas eingelegte Gurken. Und so genoss ich die Woche bei ihr. Ich genoss ihr Lächeln. Aber ich kann bis heute keine eingelegten Gurken mehr essen.

33 Jahre später.

An einem Freitagnachmittag, drei Monate vor Weihnachten, feierte ich in einer überfüllten Kirche zusammen mit 300 anderen Mrs. Muddles Leben – und trauerte um sie. Vorne lagen unter einem groben Holzkreuz ein paar Hundert bunt eingewickelte Schuhkartons, die darauf warteten, dass es Dezember wurde, und die Mitarbeiter der Hilfsorganisation Samaritan's Purse sie wie der Weihnachtsmann auf der ganzen Welt verteilten. Der Koordinator dieser Weihnachtsgeschenke-Aktion in unserem Ort ist Tony Hanson. Mr. Hanson ist einer der Menschen, für die der Ruhestand die Gelegenheit ist, all das zu tun, was sie schon immer tun wollten. Er würde Ihnen erzählen, dass er, als er erwachsen wurde, immer Kind sein wollte. Und deshalb lacht er viel und hofft, dadurch die Falten am richtigen Fleck zu haben. Es kann sogar passieren, dass er Ihnen beim Händeschütteln nach dem Gottesdienst einen Witz erzählt oder einen klugen Spruch auf Lager hat. »Wer zuletzt lacht, hat's zu spät begriffen«, ist einer dieser Sprüche.

Während der Trauerfeier stand er auf, nahm eine der Schachteln, ging damit zur Kanzel und lächelte die Menge an. »Das hier ist Mrs. Muddles Schuhkarton«, sagte er, öffnete den Deckel und holte ein frisch gebügeltes Hemd heraus. »Keine Angst, von den anderen Schachteln habe ich keine geöffnet.«

Auf der Schachtel stand, sie sei für einen Jungen im Alter

von 10 bis 14. Darin waren Kleidung, eine Bibel und einige Dinge, die Jungen auf der ganzen Welt zu mögen scheinen. Außerdem war auch ein handgeschriebener Brief dabei. »Haben Sie etwas dagegen, wenn ich ihn öffne?«, fragte Mr. Hanson. Die Angehörigen bekundeten eifrig ihr Einverständnis.

Ich saß ziemlich weit hinten und hörte zu, als er diese letzten Worte, die Mrs. Muddle geschrieben hatte, vorlas. Sie rührten mich und einige Hundert andere Menschen zu Tränen.

Mein lieber Freund,
ich hoffe, dir gefällt dein Geschenkkarton. Damit möchte ich dir auch meine Liebe schicken. Ich bin jetzt sehr krank und schwach, deshalb kann ich nicht schön schreiben. Ich habe drei Enkelinnen und sieben Enkel, und ich liebe sie alle. Ich bete, dass sie alle einmal Jesus als ihren Retter annehmen werden. Ich glaube, dass sie an ihn glauben, aber sie leben nicht alle für ihn. Ich bete, dass du ihn auch annehmen wirst. Ich bin jetzt deine neue Oma. Ich bin 85 Jahre alt.
Alles Liebe,
Honor Muddle

Über die Jahre haben verschiedene Menschen mein Leben geprägt. Manche von ihnen waren Prediger, andere Autoren, wieder andere Verwandte. Und eine davon war eine treue Ehefrau und Mutter mit einer ganz einfachen Lebensphilosophie: Wenn du eine Not siehst, tu etwas.

Vor etlichen Jahren, als ich mich mit einer Aufgabe konfrontiert sah, für die ich mich hoffnungslos unterqualifiziert fühlte – nämlich der Herausgeber des Magazins *The Servant* zu sein – fragte ich als Erstes 20 Rentner, ob sie für mich beten würden. Mrs. Muddle sagte Ja. Wenn ich sie hin und wieder beim Einkaufen oder auf der Straße traf, erinnerte sie mich immer daran, dass sie für mich betete. Manchmal sagte sie sogar: »Ich bete jeden Tag für dich.«

Einige Wochen, nachdem ihr Mann gestorben war, erinnerte sie mich wieder daran: »Ich bete jeden Tag für dich.«

Als ihre Gesundheit nachließ und sie wusste, dass sie nicht mehr lange zu leben hatte, betete Mrs. Muddle für mich.

Eines Abends rief sie unseren Pastor an. Pastor John war einige Tage krank gewesen. Eine Grippe hatte ihn so böse erwischt, dass er nicht einmal die Footballsendung am Montagabend genießen konnte. »Wie geht es Ihnen?«, fragte Mrs. Muddle ihn.

»Mir geht es gut«, antwortete er und zählte ein paar seiner Leiden auf, war aber bemüht, ihr keinen detaillierten Arztbericht abzugeben.

»Ich wollte nur hören, wie es Ihnen geht, damit ich weiß, wie ich für Sie beten kann«, sagte sie. Sie unterhielten sich eine Viertelstunde, bis John schließlich dahinter kam, dass sie ihn vom Krankenhaus aus anrief.

Jedes Mal, wenn ich Philipper 2,3-4 lese, muss ich an Mrs. Muddle denken:

Weder Eigennutz noch Streben nach Ehre sollen euer Handeln bestimmen. Im Gegenteil, seid bescheiden, und achtet den anderen mehr als euch selbst. Denkt nicht an euren eigenen Vorteil, sondern habt das Wohl der anderen im Auge.

Das erinnert mich an eine andere Geschichte. Sie geschah vor ein paar Jahren bei den Special Olympics in Seattle. Neun Wettkämpfer, die alle geistig oder mehrfach behindert waren, standen an der Startlinie zum 100-Meter-Lauf. Die Athleten warteten. Die Zuschauer sahen zu. Der Startschuss ertönte. Es war nicht gerade ein Blitzstart, aber alle neun liefen, so schnell sie konnten. Sie hofften, durchs Ziel zu kommen. Sie hofften auf den Sieg. Plötzlich stolperte einer von ihnen, fiel hin und fing an zu weinen.

Die anderen acht hörten ihn weinen. Sie liefen langsamer und schauten zurück. Dann blieben alle acht stehen, drehten sich um und liefen zu ihm zurück.

Ein Mädchen mit Downsyndrom bückte sich und gab ihm einen Kuss. »Damit es dir besser geht«, sagte sie liebevoll. Einige der anderen halfen ihm auf. Dann hakten sich alle neun gegenseitig unter und gingen über die Ziellinie. Gemeinsam.

Das ganze Stadion stand. Der Beifall hielt mehrere Minuten lang an. Diejenigen, die dabei waren, erzählen heute noch davon. Warum? Weil die Freude etwas ist, das sich vervielfacht, wenn man es teilt. Weil diejenigen, die Sonnenschein ins Leben anderer bringen, automatisch auch selbst etwas davon abbekommen.

Ich habe Mrs. Muddle einmal gefragt, was ihr in schweren Zeiten geholfen hat. »Oh«, meinte sie, »das Leben ist viel zu kurz, um es für sich alleine zu leben.« Und so hat sie gelebt.

Und so starb sie.

Sie half Menschen wie mir, im Wettkampf zu bestehen.

Jedes Mal, wenn ich ein Glas eingelegte Gurken sehe, muss ich an ein Wort denken: andere.

11 Langer Abschied

Gott wird bei dir nicht nach Medaillen, Auszeichnungen
oder Diplomen suchen, sondern nach Wunden.
ELBERT GREEN HUBBARD (1856-1915)

Wenn Sie sich eines Tages zufällig mitten im kanadischen Winter wiederfinden und zitternd unsere kleine Kirche am Rande unserer Stadt betreten sollten, dann werden Sie in den Genuss des warmherzigsten Lächelns außerhalb von Hawaii kommen.

Avonelle Martin ist bekannt für ihr Lächeln, das dazugehörige Lachen und ihre ermutigenden Worte. Sie scheint einen sechsten Sinn zu haben für Menschen, die ein freundliches Wort brauchen oder ein Gebet oder eine Tafel Schokolade.

Einmal an Weihnachten klingelte es an unserer Tür.

Avonelle stand draußen mit einer Tüte.

»Dieses Jahr haben die Kinder im Weihnachtsgottesdienst keine Süßigkeiten bekommen«, sagte sie und sah, wie unsere Kinder dastanden wie Bettler, mit Augen so groß wie Wagenräder. »Ich bin froh, dass die Gemeinde das Geld für etwas anderes verwendet hat, aber … nun ja, ich dachte, eure Kinder sollten auch etwas bekommen.«

Während unsere Kinder sabbernd dastanden, griff ich in die Tüte und holte ein paar Lutscher und eine Schachtel mit

Schokoriegeln heraus. »Das ist alles für mich«, sagte ich. Nachdem ich mich bei Avonelle überschwänglich bedankt hatte, rannte ich ins Schlafzimmer, schloss die Tür ab und machte schmatzende Geräusche.

Wenn Sie Avonelle das erste Mal begegnen, kann ihr Lächeln vielleicht einen falschen Eindruck erwecken. Man könnte meinen, dass sie ein gutes Leben hatte und ihr Auto immer Stinktierfrei geblieben ist. Aber als meine Frau krank wurde, und der Sturm in unserem Haus drohte, die Farbe von den Wänden zu fegen, war ihre Geschichte ein leuchtendes Beispiel für das, was man tun kann, wenn die schlimmsten Befürchtungen wahr werden.

Ihre Geschichte war wie ein Geschenk, das sie uns brachte.

Sie überreichte es mit einem Lächeln.

Ich schloss die Schlafzimmertür wieder auf und teilte die Süßigkeiten mit den Kindern. Diese Geschichte will ich mit Ihnen teilen …

Die Beleuchtung des Armaturenbretts warf einen blassen Schein auf das hagere Gesicht des alten Mannes. Er hielt das Lenkrad fest umklammert und starrte in die Nacht hinaus. *Moment mal*, dachte er und legte die Stirn in Falten, *wieso brauche ich zwölf Stunden für 60 Meilen?*

Er war am Vormittag von Red Deer in Alberta losgefahren, um in unsere kleine Stadt zu kommen. Aber irgendwie hatte er sich verfahren und war schließlich 300 Meilen östlich von hier, in der nächsten Provinz, gelandet.

»Sie müssen den gleichen Weg wieder zurückfahren«, riet ihm ein Fremder. »Sie müssen umdrehen und nach Westen fahren.«

Aber er verfuhr sich wieder, und fünf Stunden später kam er in Edmonton an, einer Stadt viel weiter nördlich. Jetzt

stand er am Straßenrand und rieb sich verwirrt die brennenden Augen. In der Hand hielt er einen Zettel mit einer Weg-
beschreibung zu einer anderen Stadt, weit weg von daheim.
Er stieg wieder ins Auto und machte das Radio an. Jemand
wurde vermisst, hatte sich vielleicht verirrt. Jemand, der
krank war.

24 Stunden später gab George Martin die Suche nach
dem Heimweg auf und bog in eine kleine Tankstelle in einer
Stadt östlich von Edmonton ein. Erschöpft, hungrig und
durstig ging er auf die Dame hinter dem Tresen zu. »Ich
habe meine Frau irgendwo zurückgelassen, und ich weiß
nicht mehr, wo«, sagte George mit aufgeplatzten, blutenden
Lippen. »Aber ich habe ihren Pullover hier.«

Als zwei seiner Kinder kamen, um ihn abzuholen,
schaute George seine Tochter Janis an und meinte: »Gott sei
Dank, dass sie dich gefunden haben.«

36 Stunden lang hatten Suchmannschaften das ganze
Land am Boden und aus der Luft nach dem pensionierten
Werkstattmeister abgesucht, der während einiger Untersuchungen aus dem Red Deer Regionalkrankenhaus verschwunden und davongefahren war. Die Grenzen wurden
überwacht, die Meldung wurde von Radio- und Fernseh-
sendern verbreitet. Gebetsketten hatten sich gebildet.

Und zu Hause wartete seine Frau.

Und hoffte.

Und befürchtete das Schlimmste.

Als George zur Tür hereinkam, drückte sie ihn fest. »Ach,
Schatz«, lächelte Avonelle, »du bist den Umweg nach Hause
gefahren, stimmt's?«

Aber George war nicht wirklich zu Hause. Während sich
eine furchtbare Krankheit wie Gift in seinem Körper aus-
breitete, fühlte er sich in seinen eigenen vier Wänden wie ein
Fremder und wusste nicht, dass sein wahres Zuhause noch

viel zu weit entfernt, am Ende der Straße auf ihn wartete, in einem Land, das nicht von Menschenhand gemacht ist.

Schon Jahre, bevor die Ärzte die Krankheit feststellten, hatte Avonelle einen Verdacht. Als das Auto einen Motorschaden hatte, weil er kein Öl nachgefüllt hatte, wunderte sie sich. Als er im Sprechzimmer des Arztes stand und sich fragte, was er hier sollte, wurde es ihr langsam klar. Eines Tages sprang er plötzlich auf und behauptete, er müsse etwas ausliefern – obwohl er schon seit Jahren im Ruhestand war.

Da war sie sich sicher: George hatte Alzheimer.

»Es hat lange gedauert, bis ich ihm die Autoschlüssel wegnehmen konnte«, meint sie lachend. »Schließlich bin ich dahinter gekommen, dass er sich nicht wehrte, wenn ich ihm sagte, ich sei dran mit fahren.«

Dreieinhalb Jahre lang hat Avonelle ihn zu Hause betreut. Sie sah zu, wie sein kräftiger Körper immer mehr zerfiel. Sie las Geschichten von Alzheimer-Pflegeheimen, wo ehrenwerte Menschen mit Windeln herumliefen und fluchten wie Bauarbeiter. Wo Angehörige mit Tränen im Gesicht dastanden und sich wunderten, dass sie diesen fremden Menschen einmal Papa oder Mama oder Schatz genannt hatten. Geschichten von Orten, an denen Ehepartner mit zusammengebissenen Zähnen versuchten, ihren gesunden Verstand zu bewahren, und dann gingen – für immer.

Aber nicht Avonelle Martin.

»Es gab keine andere Möglichkeit«, sagt sie heute. »Vor Jahrzehnten hatte ich gelobt, dass ich für ihn da sein wollte, ob er gesund oder krank war. Es war nicht immer leicht, aber es war immer richtig.«

Eines Tages ging George ins Krankenhaus und kam nicht wieder zurück. Vollkommen erschöpft ging Avonelle nach Hause und schlief zum ersten Mal seit Jahren richtig.

Am nächsten Tag begann sie ihre tägliche Pilgerreise ins

Krankenhaus, die sieben Jahre dauern sollte, um sich um ihren Mann zu kümmern.

Um ihn in den Arm zu nehmen und zu küssen.

Um auf seinem Schoß zu sitzen und sich zu unterhalten.

Um mit ihm spazieren und Eis essen zu gehen.

Um ihn zu füttern und die Windeln zu wechseln.

Und sie trauerte sehr. »Ich musste an unsere ersten gemeinsamen Jahre denken, und die Erinnerungen daran kamen wieder und wieder«, erzählt sie. »Dann brach ich zusammen und weinte und weinte.« Einmal stand sie vor dem Krankenhaus im Regen und bebte am ganzen Körper vor Verzweiflung.

»Ich dachte: *Ich halte das keinen Tag länger aus!,* drehte mich um, rannte nach Hause, legte mich ins Bett und zog mir die Decke über den Kopf.«

Heute lacht sie darüber. »Aber nach ein paar Stunden ging ich dann doch wieder zurück ins Krankenhaus. Ich ging genauso, wie ich es immer tat.«

Wie ein Magnet zog ihr Lächeln mitten in all dem Leid andere Patienten an. Ärzte und Schwestern suchten ihren Rat. Durch ihr eigenes Leid kamen andere, um sich bei ihr auszuweinen.

Viermal ging sie mit George durch das Tal des Todes. Am Ende erholte er sich jedes Mal und trotzte dem Tod. Aber schließlich gab dieser Schatten seiner selbst nach. Er hatte sich wund gelegen und bekam Wundbrand an den offenen Stellen. Er hatte Parkinson und lag steif und zusammengerollt im Bett. Mit jedem mühsamen Atemzug hob sich sein Brustkorb mit einem Röcheln. Drei lange Wochen fütterte Avonelle ihren sterbenden Mann mit einer Pipette.

Dann war es vorüber.

Eines Abends im August sagte sie ihm zum letzten Mal Gute Nacht.

»Die Ärzte meinten, er müsse wohl Engel um sich gehabt haben«, sagt Avonelle grinsend. »Ich hoffe, dass ich einer davon war.«

Engel wie Avonelle scheinen wie helle Sterne in der Finsternis der Ich-Bezogenheit, in der Finsternis selbstsüchtiger Forderungen und schneller Trennungen. Interessanterweise war ihre Ehe nicht gerade traditionell oder durch Freunde und Familie getragen. »Das stimmt«, gibt sie grinsend zu, »wir … nun ja, wir sind durchgebrannt! Damals war das noch etwas üblicher.« Aber die Wurzeln ihres außergewöhnlichen Mutes und ihrer Treue reichen weit zurück. In der Sonntagsschulgruppe für Kindergartenkinder bekam sie einmal einen kleinen Anstecker, auf dem stand: »Bleibe treu bis zum Tod.« Obwohl sie sie damals nicht verstand, sollten diese Worte ihr Lebensmotto werden. Als sie 21 war, glaubte sie zum ersten Mal, dass Jesus Christus der Sohn Gottes ist und gelobte etwas, das ihr ganzes Leben prägen sollte: »Herr, solange ich atme, will ich deine Missionarin sein, wo ich auch bin.«

Die Kinder aus der Nachbarschaft waren ihr Missionsfeld. Und wenn Avonelle betete, passierten erstaunliche Dinge. Ein russischer Junge glaubte an Jesus, noch bevor sein Vater abgeschoben wurde. Die drei Kinder nebenan fanden zum Glauben, und dann auch ihre atheistischen Eltern. Und nach 14 Jahren Ehe vertraute auch George sein Leben Jesus an. Avonelle gründete Bibelstudiengruppen, und später, als Gemeindediakonin, besuchte sie die Kranken und diejenigen, die ans Haus gebunden waren.

Ob sie für Georges Heilung betete? »Oh ja. Aber hauptsächlich betete ich: ›Herr, er ist in deiner Hand. Anfang und Ende seines Lebens bestimmst du. Was auch immer du planst, ich glaube, dass du uns beide liebst, und deshalb vertraue ich dir vollkommen.‹ Ich glaube, ich habe von Anfang an gelernt, alles Gott zu überlassen.«

Herbert Butterfield schrieb einmal: »Sowohl in der Geschichte als auch in der Gegenwart ist es durchaus kein seltenes Phänomen, dass man relativ ungebildete Menschen trifft, die anscheinend tiefe geistliche Wahrheiten verstanden haben … während es viele hochgebildete Menschen gibt, bei denen man das Gefühl hat, dass sie mit ihrem Verstand schlaue Possen treiben, um die große innere Leere dahinter zu verbergen.«

»Ich bin ein einfacher Mensch«, stimmt Avonelle zu. »Ich bin nicht einfältig, aber ich habe einen kindlichen Glauben an Gott. Ich glaube, wenn Gott sagt, dass er etwas tut, wird er es auch tun. Und daran halte ich fest. Aber ich will auch, dass die Menschen wissen, dass ich nicht besser bin als andere. Das ist mir immer wichtig, dass ich nicht besser bin als die anderen.«

12 Träume auf Eis gelegt

Das einzig wirksame Mittel gegen Leid ist,
ihm geradewegs in die Augen zu schauen,
es zu packen und sich zu Nutzen zu machen.
MARY CRAIG

Es war einmal ein kleiner Junge namens Sparky. Zumindest nannten ihn seine Schulkameraden so. Den Spitznamen bekam er nach einem Pferd in einem Comic-Heft, das Spark Plug (Zündkerze) hieß. Er hasste den Namen. Aber dieser Spitzname war sein kleinstes Problem.

Die Schule fiel Sparky schwer. Seine Lieblingsstunden waren die große Pause und die Mittagspause. In der achten Klasse fiel er in allen Fächern durch. In der weiterführenden Schule wurde es auch nicht besser. Er vermasselte es in Algebra, Englisch, Latein und Physik. Sein Rekord der schlechtesten Physiknote in seiner Schule ist sogar bis heute ungebrochen. Sport war auch nicht viel besser. Er schaffte es in die Golfmannschaft seiner Schule, aber weil er so schlecht spielte, verloren sie die Meisterschaft.

Auch bei Freundschaften war Sparky ein Versager. Niemand schien ihn je zu bemerken. Er war überrascht, wenn ein Klassenkamerad ihn begrüßte. Weil er Angst hatte, einen Korb zu bekommen, ging er nie mit einem Mädchen aus.

Stattdessen widmete er sich ganz einer Sache, die er wirklich liebte: Comics zeichnen. Niemand hielt sie für besonders gut, aber das war ihm egal. Er übte auf Bucheinbänden und Notizblöcken, und als er in der Oberstufe war, hatte er den Mut, ein paar seiner Comics an die Redaktion des Jahrbuches zu schicken.

Sie wurden abgelehnt.

Nach seinem Schulabschluss schrieb Sparky einen Brief an die Walt Disney Studios und fragte nach einer Arbeitsstelle. Er bekam einen Standardbrief zurück und musste Zeichnungen einreichen. In dem Brief hieß es, er solle »einen Mann zeichnen, der eine Uhr repariert, indem er die Rädchen und Federn in die Uhr schaufelt«. Sparky zeichnete das Bild und schickte es hoffnungsvoll weg. Gespannt wartete er auf die Antwort. Endlich kam sie. Es war wieder ein Standardbrief mit einer Absage.

Sparky war enttäuscht, aber nicht überrascht. Er war schon immer ein Versager gewesen. Es war nur ein weiterer Fehlversuch. Als er eines Tages in den Spiegel schaute, musste er lächeln, als ihm klar wurde, dass sein Leben auf eine gewisse Art schon fast komisch war. Fast wie in einem Comic. Dann kam ihm eine Idee. Wie wäre es, wenn er seine eigene Geschichte zeichnete? Was wäre, wenn er die Missgeschicke eines kleinen Jungen, eines chronischen Versagers, zeichnete? Er hatte keine Ahnung, was aus diesem Gedanken werden sollte.

Dieser Junge, der in der achten Klasse sitzengeblieben war, der junge Künstler, dessen Zeichnungen an seiner Schule für das Jahrbuch abgelehnt worden waren, war Charles Monroe »Sparky« Schultz – der Erfinder der Peanuts und der kleine Junge, dessen Drache nie richtig fliegt.

Sie kennen ihn als Charlie Brown.

Wenn Sie jemals auf die Philippinen kommen sollten und dort vorsichtig durch die überfüllten Straßen Manilas gehen, wo der Abfall vom Wind herumgeweht wird, und Kinder sie mit ausdruckslosen Augen anschauen, könnte es passieren, dass Sie einem anderen »Versager« über den Weg laufen. Jemandem, der tief gefallen ist, bis er ganz oben ankam.

Ein 45-jähriger, stämmiger Mann kommt Ihnen hinkend, aber entschlossen entgegen. Als er näher kommt, sehen Sie, wie eines der Kinder aus einem Unterschlupf aus Kartons kommt. Es ist schmutzig und hat eine leere Cola-Flasche in der Hand. Das Einzige, an das es sich nachts klammern kann. Der Junge gehört zu Manilas 30 000 Straßenkindern. Sie klauen ständig und gelten als das Ungeziefer der Gesellschaft. Männer werden schwarz angeheuert, um sie zu erschießen, sobald sie sich zeigen. Der Junge mit der Cola-Flasche rennt auf den stämmigen Fremden zu, um ihn zu begrüßen. Der Mann bückt sich und nimmt das Kind in den Arm. Zum ersten Mal seit Wochen fühlt sich der Junge sicher. Zum ersten Mal seit Wochen zeigt sich ein Lächeln auf dem Gesicht mit den ausdruckslosen Augen.

Aber wer ist der hinkende Fremde?

Welche Geschichte hat er zu erzählen?

Wie hat es ihn hierher verschlagen?

Ron Homenuke war in einer kleinen Stadt im Norden von British Columbia, Kanada, aufgewachsen und hatte auf einer Eisbahn im eigenen Garten, im Schatten der Rocky Mountains, Eislaufen gelernt. Als stolzer Neffe von jemandem, der mit der Eishockey-Legende Gordie Howe gespielt hatte, war Eishockey Rons ganzes Leben. Als Teenager erreichte er den Höhepunkt, von dem jeder Kanadier träumt: Er spielte in der westkanadischen ersten Jugendliga. Bei seiner stämmigen

Gestalt wichen die Gegner aus, und sein 150 km/h-Schuss ließ jeden Torwart an seiner Berufung zweifeln.

Als ich noch klein war, war Ron eines meiner Idole. Ich liebte es, freitags abends zwei Stunden zu einem Spiel von ihm zu fahren. Mit achtzehn Jahren war er einer der vielversprechendsten jungen Spieler in Kanada. Er war kräftig. Er war hart im Nehmen. Er war ein Siegertyp. Ich wollte so sein wie Ron. 1972 holten ihn die Vancouver Canucks in die erste Liga. Für ihn war ein Kindheitstraum in Erfüllung gegangen.

Aber irgendetwas fehlte.

Ron war ständig auf Partys, und eines Abends, auf einer Feier, sagte die Freundin eines Mitspielers zu ihm: »Ich bete für dich. In deinem Leben wird etwas Wunderbares geschehen.«

Ron grinste sie nur an und nahm noch einen Drink.

Nicht lange danach erzählte eine andere Freundin Ron, dass sie ihr Leben Jesus gegeben und Vergebung und Frieden gefunden hatte. Ron beobachtete sie und beschloss schon bald, ihrem Beispiel zu folgen. Er wusste noch nicht viel über Gott, aber er hatte gehört, dass diejenigen, die zu Gott kommen, alles bekommen, was sie sich je gewünscht hatten und dass das Christsein eine Art Lebensversicherung gegen jedes Leid sei. Das schien zu stimmen.

Ron hatte alles, was er wollte. Er war Eishockey-Profi, glücklich verheiratet, hatte Geld, war berühmt und erfolgreich. Aber eines Tages betete er um mehr. »Gott, bitte schenke mir eine engere Beziehung zu dir.«

Er fragte sich, wie Gott dieses Gebet wohl beantworten würde.

Die Morgensonne glitzerte auf den schneebedeckten Gipfeln der Selkirk Berge in British Columbia, als Ron sich mit einer Gruppe von fünf College-Studenten zum weißen Gipfel des Kokanee Gletschers hochkämpfte. Sie beachteten die Warnschilder, dieses Gebiet nicht zu betreten, nicht und erreichten ihr Ziel. Sprachlos standen sie auf dem Gipfel und schauten auf die funkelnden weißen Berge, die sich bis zum Horizont erstreckten. Sie waren ganz oben angekommen. Und dann fingen sie an, wie kleine Kinder zu rufen und zu schreien, rutschten die Schneehänge hinunter und genossen ihren erfolgreichen Aufstieg.

Aber die vereisten Hänge waren tückisch. Als Ron die anderen wieder nach unten führte, wählte er seine Schritte sehr vorsichtig und wollte zu einer Ansammlung von Felsen kommen, auf der sie einen sicheren Halt finden konnten für den gefährlichen Abstieg.

Plötzlich verlor Ron den Halt und kam ins Rutschen.

Seine Freunde standen wie versteinert da und mussten mit ansehen, wie Ron über die Gletscherkante verschwand und in den sicheren Tod stürzte. Unten starrte eine andere Gruppe Studenten entsetzt nach oben, als er sechshundert Meter in die Tiefe stürzte, wie ein Stuntman in einem Hollywoodfilm. Sie rannten über zerklüftete, rutschige Felsen und fanden seinen zerschmetterten Körper. Schließlich stellte jemand einen schwachen, unregelmäßigen Puls fest. Während einige von ihnen Hilfe holten, versuchten die anderen, Ron warm zu halten. Eine Stunde später brachte ein Rettungshubschrauber der Bergwacht Rons erschlafften Körper in ein nahegelegenes Krankenhaus.

Während er im Koma lag, verbreitete sich die Nachricht in Windeseile.

Die Menschen fingen an, für ein Wunder zu beten.

Drei Wochen vergingen. Als er schon 25 Kilo abgenommen hatte, schlug Ron die Augen auf und sah sich im Zimmer um. »Ich kann es gar nicht fassen, dass Sie noch am

Leben sind«, sagte ein Arzt und erklärte ihm dann zögernd: »Sie werden nie wieder laufen können.« Rons Gesicht verzog sich vor Schreck, als er das hörte.

Die Zeit verging, und der ehemalige Eishockey-Profi kämpfte mit den einfachsten Dingen. »Eine Gabel in den Mund zu schieben war eine große Aktion«, erinnert er sich. »Ich musste ganz neu sprechen lernen. Und ich verbrachte viele Stunden auf dem Flur und versuchte, mit dem Rollstuhl geradeaus zu fahren. Ich fuhr ständig im Kreis.« Dann kam der erste Schritt auf Krücken. Und die erste Liegestütze.

Während dieser ganzen Leidenszeit wich Rons Frau ihm nicht von der Seite und ermutigte ihn, nie aufzugeben. Seine Familie feuerte ihn an, und Ron schaffte es vom Rollstuhl zur Gehstütze. Tausende von Menschen kamen zu einem Benefiz-Eishockeyspiel zu seinen Gunsten. Ich war auch dabei. Jemand sang »The Impossible Dream« (der unerreichbare Traum). Ich war damals in der Grundschule. Ich saß in dem riesigen Stadion und weinte wie die Großen.

Zwei Jahre später, am Ostersonntag, warf Ron seinen Stock weg.

Aber trotz allem, was er erreicht hatte, war Ron niedergeschlagen. Seine Karriere als Hockeyspieler war vorbei. Und noch etwas, das ihm jetzt mehr wert war als seine Karriere, hatte er verloren: Seine Frau, die die ganze Zeit an seiner Seite geblieben war, packte ihre Koffer und verließ ihn.

»Nur eines war mir noch geblieben«, sagte Ron. »Jesus, mein Retter, und seine Treue und Liebe. Er hatte versprochen, mich nie zu verlassen. Und jetzt klammerte ich mich an ihn.« Es dauerte nicht lange, und Ron lernte, über das Leben zu lachen. »Ich lache über die Dummheiten, die ich mache, über die Dummheiten, die wir alle machen«, sagt Ron. »Um hier Missionar zu sein, braucht man nur zwei

Dinge: einen ausgeprägten Sinn für Humor und keinen ausgeprägten Geruchssinn.«

Als ich zum ersten Mal mit Ron Homenuke sprach, stolperte er auf einer Eisbahn herum und klammerte sich an die Bande. Einige Kinder zeigten mit dem Finger auf ihn und lachten. Manche lachen immer noch. Nach dem gängigen Verständnis ist er immer noch ein Versager. Er hinkt stark. Er stottert manchmal beim Sprechen, und wenn er Schlittschuhe anzieht, hält er sich immer noch an der Bande fest. Aber Ron wird Ihnen jederzeit sofort erklären, dass er in seinem Versagen mehr gelernt hat als durch seinen Erfolg. Und dass er Gott durch einen Sturz aus sechshundert Metern näher gekommen ist, als er es auf dem Höhepunkt seiner Eishockey-Karriere je war. Und während seine Pokale verstauben und seine Rekorde eingestellt sind, erklärt mir Ron, er habe hier durch Gottes Gnade ein paar Trophäen gefunden: die Kinder von Olongapo auf den Philippinen, die niemanden haben, den sie »Papa« nennen können. Er nimmt sie in den Arm, gibt ihnen jeden Tag ein Glas Milch und leistet erste Hilfe.

Ron lebt das, was Jakobus in seinem Brief geschrieben hat:

Rein und vorbildlich Gott, unserem Vater, zu dienen
bedeutet, dass wir uns um die Sorgen der Waisen und Witwen
kümmern und uns nicht von der Welt verderben lassen.
JAKOBUS 1, 27 (NEUES LEBEN)

Ich wünschte, Sie könnten ihn selbst hören, wie er seine Geschichte erzählt, denn er unterstreicht die einzelnen Abschnitte mit einem breiten Lächeln und einem ansteckenden Lachen. Seine Comics erscheinen nicht in der Zeitung, aber wenn ich an Siegertypen denke, dann stehen Ron Homenuke und Charles »Sparky« Schultz für mich in der gleichen Kategorie.

Sie haben beide viele Kinder zum Lachen gebracht.

Sie haben beide gelernt, dass die Dinge für den zum Besten stehen, der die Dinge zu seinem Besten nutzt, ganz gleich, wie sie stehen.

Sie haben gelernt, dass dort, wo Berge sind, auch Täler sind, und dass es ohne Regen keinen Regenbogen gibt.

13 Lachen im finsteren Tal

Herr, hilf uns, dass wir bereit sind, uns zu verändern,
wenn wir im Unrecht sind, und dass wir nicht zu hart sind,
wenn wir recht haben.

PASTOR PETER MARSHALL

Als ich noch klein war, sagte meine Mutter zu mir: »Mein Sohn, wähle deine Freunde so aus, wie du deine Bücher auswählst: wenige, aber gute.« Damals war ich sechs Monate alt und hatte keine Ahnung, was sie damit meinte. Aber je älter ich wurde, desto mehr verstand ich, was sie gesagt hatte. Genauso, wie man die Freuden des Lebens verdoppeln kann, wenn man sie mit Freunden teilt, kann man auch die Lasten halbieren. Einer dieser wenigen, aber guten Freunde in meinem Leben ist Gord Robideau. Er ist noch verrückter als ein Sack Flöhe, und deshalb haben wir einiges gemeinsam. Als Gord einmal einen Collie-Welpen nach Hause brachte und ihn Sabre nannte, hängte er folgendes Schild an die Gartentüre:

ACHTUNG! WACHHUND!
ÜBERLEBENDE WERDEN ANGEZEIGT!

Einen netteren Kerl wird man kaum finden. Einen hübscheren, reicheren vielleicht schon. Aber keinen netteren.

Gord gehört zu den seltenen Menschen, die die Antwort tatsächlich hören wollen, wenn sie einen fragen, wie es geht. Er legt den Finger in die Wunde, ohne zu bohren. Unsere Freundschaft entstand bei Grillabenden und mitternächtlichen Spaziergängen, bei denen ich ihm mein sorgenvolles Herz ausschüttete. Gord hörte zu. Ich erinnere mich nicht daran, dass er große Weisheiten von sich gab, obwohl er vielleicht etwas Kluges gesagt hat. Ich erinnere mich nur daran, dass er mit mir spazieren ging. Vielleicht erkennt man wahre Heilige daran, dass sie sich die leidensvollen Geschichten anderer anhören können, ohne ihre eigene hinzuzufügen.

Als Gord und seine Frau Joanne selbst durch ein tiefes Tal gingen, gab ich mir Mühe, seinen Dienst an mir zu erwidern. So machen das Freunde. Sie wissen, dass das beste Mittel für Freundschaften Vitamin B ist.

Neulich bat ich Gord, eine Geschichte aus jenen dunklen Tagen für mich aufzuschreiben. »Klar doch«, sagte er und ging nach Hause. Dort delegierte er die Sache an seine Frau.

Joanne schrieb:

Aufgeregt stand ich an der Ziellinie des jährlichen Windelrennens. Mein Mann, Gord, stand mit unserer neun Monate alten Tochter Annie am Start. Als der Schiedsrichter »Los!« schrie, streckte ich unserer Tochter eifrig eine Handvoll Knusperflakes entgegen, um sie damit ins Ziel zu locken. Aber sie legte sich nur auf den Bauch, wie ein gestrandeter Wal. Sie ahnte nicht, dass sie an einem Wettrennen teilnahm, aber Gord sprang wie wild herum, als seien es die Olympischen Spiele.

Auch olympische Athleten erleben auf ihrem Weg Leid und Hindernisse, genau wie wir. Manchmal kam mir der Weg so lang vor, dass ich ernsthafte Zweifel bekam, ob wir je die Freude erleben würden, Eltern zu sein.

Fast auf den Tag genau fünf Jahre vor dem Windelrennen brach meine Welt zusammen. Ich war im fünften Monat schwanger und wartete aufgeregt auf meinen ersten Ultraschall. Vier Jahre lang hatten wir gebetet und auf dieses Baby gewartet. Entsetzen überkam mich, als der Arzt mir sagte, dass unser Baby tot sei. Gord und ich lagen uns in den Armen und weinten Tränen, die aus so tiefem Leid entsprangen, dass wir uns nicht vorstellen konnten, jemals wieder Freude zu erleben.

Vor dem Tod unseres ungeborenen Kindes war es viel leichter gewesen, zu glauben, dass Gott gut ist, und dass denen, die an ihn glauben, alles zum Guten dient. Es war ein langer Weg, bis wir lernten, Gott wieder zu vertrauen. Ein langer Weg, bis wir wirklich glaubten, dass er gut ist und ihm genug vertrauten, um alles von ihm anzunehmen, was er in unser Leben brachte. Mit diesem Vertrauen wuchs auch das Verlangen, für ein zweites Kind zu beten.

Entgegen der Prognose des Arztes stand ich jetzt, neun Monate nach einer unproblematischen Schwangerschaft, an der Ziellinie, und mein Herz schlug wie wild, als Annie sich auf die Knie hochstemmte, übers ganze Gesicht grinste und auf mich und die Knusperflakes zukam. Sie ließ die übrigen Windelathleten weit hinter sich. Voller Freude nahmen wir unsere Tochter im Ziel in den Arm und nahmen stolz den winzigen goldenen Pokal entgegen.

Noch vor fünf Jahren hätte ich mir diesen Tag nicht vorstellen können. Wir sind jetzt die amtierenden Champions im Windelrennen!

Dieser Sieg symbolisierte noch einen größeren Sieg für Gott und mich. Wir hatten in unserem eigenen Rennen nicht aufgegeben und hatten Gott eine zweite Chance gegeben, neues Leben durch uns zu erschaffen. Ob wir es bereuen? Nicht eine Sekunde lang. Noch nicht einmal, als Annie ein paar Tage später unser schnurloses Telefon in die Badewanne warf.

Es gibt keine stolzeren Eltern. »Leid zwingt uns wohl ins Gebet«, meinte Gord auf einem unserer Spaziergänge. »Es ist erstaunlich, wie vielen Menschen wir durch das, was wir selbst durchgemacht haben, helfen konnten.«

Erlauben Sie mir, diesen Teil des Buches mit drei weiteren Geschichten von Menschen zu schließen, die der Gelegenheit mit einem Lächeln auf dem Gesicht die Tür geöffnet haben.

Vor einem Jahr wurde bei mir ALS festgestellt, eine degenerative Erkrankung des motorischen Nervensystems. Ich konnte nicht mehr richtig schlucken, hatte meine Zunge nicht mehr unter Kontrolle und konnte nicht mehr deutlich sprechen. Was noch schlimmer war, war, dass ich immer gerne Sport getrieben hatte, aber nun machte es diese Krankheit unmöglich, die Muskeln in meinem Körper zu kontrollieren. Als die Ärzte mir die Diagnose offenbarten, sagte ich zu Gott: »Na schön, Herr, was hast du jetzt mit mir vor?«

Gott schien augenblicklich zu antworten.

Das Telefon fing an zu klingeln. Alle möglichen Menschen baten mich, ob ich meine Geschichte in ihrer Gemeinde, ihrem Schulgottesdienst, ihrer Sonntagsschule, im Gottesdienst der Seattle Seahawks Footballmannschaft, an Colleges, bei Konzerten und im Fernsehen erzählen könnte. Ein Filmemacher dreht einen Film über mein Leben. Es ist schon Ironie des Schicksals, dass ich jetzt, wo ich nicht mehr richtig sprechen kann, überall eingeladen werde, um Vorträge zu halten!

Mein Humor überrascht die Menschen manchmal. Wenn sie mich fragen, was das Schlimmste an ALS ist, sage ich: »Der Fahrstil meiner Frau! Sie muss mich jetzt überall hinfahren.«

Ich habe festgestellt, dass der Schlüssel darin liegt, für das zu leben, was man tun kann, anstatt an das zu denken, was man nicht tun kann. Ich kann nicht tanzen, aber ich kann immer noch lachen.

Dieses Problem hat mich dazu gezwungen, Gott aus der Dach-
kammer meines Lebenshauses zu holen und ihm jeden Augenblick
meines Lebens das Wohnzimmer zu überlassen.

KEVIN JONES, BOTHELL, WASHINGTON/USA

Jedes Jahr am Sonntag vor Weihnachten sehen meine Töchter und ich
der perfekten Familie, bestehend aus Vater, Mutter und 2,3 Kindern,
zu, wie sie in der Kirche die Tannenzweige aufhängen und den Ad-
ventskranz anzünden. Dann sitze ich da und kämpfe mit dem Kloß
in meinem Hals. Ein Dutzend verschiedene Gedanken jagen durch
meinen Kopf: Ich wünschte, mein Mann würde auch an Gott glau-
ben. Manchmal habe ich es so satt, immer zu beten und zu warten
und zu beten und zu warten. Ich habe es satt, eine »Sonntagswitwe«
zu sein. Ich habe die Spannungen am Sonntagmorgen zu Hause
satt. Ich weiß, dass es falsch ist, aber hin und wieder sitze ich da und
zähle die Ehepaare und denke: Warum TUT Gott denn nichts?
  Nach zwanzig Jahren alleine als Christ in meiner Ehe bin ich
zu dem Schluss gekommen, dass Gott etwas tut. Er sieht nicht nur
meine Situation, sondern er wusste auch schon vor langer Zeit da-
von. Ich glaube sogar, dass er diese Situation extra für meinen
Mann und mich so geschaffen hat, damit ihm die Ehre zukommt,
und ich immer mehr nach seinem Ebenbild geformt werde.
  Was mir am meisten Kraft gibt, ist das Wissen, dass Gott weiß,
was er tut – und dass er noch nicht fertig ist damit. Schließlich habe
ich auch erst mit 23 zum Glauben gefunden. Vielleicht ist mein
Mann erst mit 53 soweit, oder vielleicht auch erst mit 83. Das ist
eine Sache zwischen ihm und Gott. Meine Aufgabe ist es, ihn zu
lieben und für ihn zu beten. Es tröstet mich sehr zu wissen, dass
Gott die Seinen kennt (2. Timotheus 2, 19). Außerdem vertraue ich
darauf, dass »er wartet, weil er Geduld mit uns hat. Denn er möchte
nicht, dass auch nur ein Mensch verloren geht, sondern dass alle
Buße tun und zu ihm umkehren« (2. Petrus 3, 9).

Am besten kann ich lachen, wenn ich in Gottes Allmacht ruhe. Da er alles in der Hand hat, brauche ich mich nicht zu sorgen. Ich kann entspannt sein, mich an meinem Mann freuen und ihn so nehmen, wie er ist. Deshalb habe ich beschlossen, wenn es noch vierzig Jahre dauert, dann will ich, dass es vierzig gute Jahre sind, Jahre voll Lachen und Freude. Das bin ich meinem Mann schuldig, und ich glaube, auch Gott will das. Seine Freude ist meine Stärke. Ja, manchmal ist es schwer, aber ich kann aufrichtig sagen, dass ich dankbar bin für dieses »Stinktier«, das Gott mir gegeben hat. Es hat mich zu dem Menschen gemacht, der ich bin.

NANCY KENNEDY, FLORIDA/USA

An einem warmen Augustabend stand ich mit einer Tasse Kaffee auf dem Balkon meiner Wohnung im zweiten Stock des Altenwohnheims, in dem ich lebe. Plötzlich sah ich, wie ein großer, stämmiger Mann über den Rasen ging. Er schien auf die Wohnung unter mir zuzugehen. An der Tür verlangte er lauthals nach einem Glas Wasser.

Zuerst dachte ich, es sei vielleicht eines der Kinder oder Enkel meiner Nachbarin. Dann hörte ich ein Handgemenge und Hilfeschreie. Ich lief nach unten und klingelte.

»Ist alles in Ordnung?«, rief ich.

»Ja, ihr geht es gut«, erwiderte der Mann.

Ich lief nach oben und rief den Hausmeister an. Dann ging ich wieder auf den Balkon. Ich lehnte mich über das Geländer und rief laut, dass ich wisse, dass er ein Einbrecher sei und Hilfe gerufen hatte. Es herrschte Stille und ich hörte, wie der Mann auf den Balkon unter mir kam.

Ich nahm einen schweren Blumentopf und wartete.

Er suchte mich, kam aber nicht auf die Idee, nach oben zu schauen. Da nahm ich den Blumentopf in beide Hände, hob ihn hoch, zielte und ließ ihn dann los. Der Blumentopf traf ihn genau auf den Kopf. Als die Polizei kam, war er immer noch etwas benommen.

Natürlich war ich seit jenem Abend die »Dame mit dem Blumentopf«. Außerdem hatte ich eine neue Freundin gefunden und festgestellt, dass meine Nachbarin unter mir auch Christ war. An jenem Abend hatten wir beide verzweifelt gebetet. Ich wusste ja, dass Gott aus zerbrochenen Gefäßen etwas machen kann, aber jetzt hatte ich gelernt, dass er auch Blumentöpfe gebrauchen kann.

TONI-MARIE NORMAN, RICHMOND,
BRITISH COLUMBIA/KANADA

Stinktier-Vertreiber

Es gibt kein Problem, das zu groß ist, um davor
davonzulaufen.
CHARLIE BROWN

Nächste Woche kann es keine Krise geben.
Mein Terminkalender ist schon voll.
HENRY KISSINGER

Wer behauptet, nichts sei unmöglich, soll einmal versuchen,
mit mehreren Kleinkindern durch eine Drehtür zu gehen.

Wenn dir etwas nicht beim ersten Mal gelingt,
dann geht es dir so wie allen anderen.

Wenn du damit beschäftigt bist, das Boot zu rudern,
hast du keine Zeit, es zum Kentern zu bringen.

Der Schall bewegt sich sehr langsam fort: Was Sie Ihren
Kindern sagen, kommt erst bei ihnen an, wenn sie 40 sind.

Jeder neue Tag hat zwei Griffe zum Anfassen.
Wir können ihn mit Sorge anpacken oder mit Glauben.
RON NICKEL

Fürchte dich nie davor, etwas Neues auszuprobieren.
Denke immer daran, dass die Arche von Amateuren
gebaut wurde, die Titantic dagegen von Profis.
VANCE NEUDORF

Meine Frau hat mich zum Millionär gemacht.
Vorher hatte ich drei Millionen.
EISHOCKEY-STAR BOBBY HULL

Jesus ist nicht gekommen, um unser Leiden
wegzuerklären oder wegzunehmen. Er ist gekommen,
um es mit Seiner Gegenwart zu erfüllen.
PAUL CLAUDEL

»Wer sich an sein Leben klammert, der wird es
verlieren. Wer es aber für mich einsetzt, der wird es
für immer gewinnen.«
MATTHÄUS 10,39

Teil 3

Mut ist Angst, die gelernt hat zu beten

Ob ich Angst vor hohen Tönen habe?
Natürlich habe ich Angst davor. Welcher Mensch bei
gesundem Menschenverstand hätte das nicht.
LUCIANO PAVAROTTI

Ich habe panische Angst vor Bedienungsanleitungen,
in denen es heißt: »Bitte wie folgt zusammenbauen.«
PHIL CALLAWAY

»Seid mutig und stark! Habt keine Angst, und lasst
euch nicht von ihnen einschüchtern!
Der Herr, euer Gott, geht mit euch. Er hält immer
zu euch und lässt euch nicht im Stich!«
5. MOSE 31,6

Ich war mein ganzes Leben lang ängstlich. Ich habe so schreckliche Angst vor Zahnärzten, dass ich schon im Wartezimmer Lachgas brauche. Am Morgen nach Ramonas erstem Anfall suchte ich mir mit ein paar roten Rosen in der Hand meinen Weg durch ein Labyrinth von Krankenhausfluren, bis ich schließlich vor Zimmer Nummer 1204 stand und leise die Tür öffnete. Ramonas Augen waren geschlossen. Sie war blass und hatte ausgetrocknete Lippen. Ich beschäftigte mich damit, die Blumen in eine Vase zu stellen, und setzte mich dann still an ihr Bett. Ich hatte Angst. Um sie. Und um mich. Und um die Kinder. Dann öffnete sie die Augen und lächelte mich an. »Ich schätze mal, ich stand dem Tod Auge in Auge gegenüber, was?«, sagte sie leise. »Es ist gar nicht so schlimm, wie ich dachte.«

»Die Leute beten für dich … einige haben die ganze Nacht hindurch gebetet.«

»Ich weiß«, sagte sie. »Ich habe es gemerkt.«

Ich senkte den Kopf und betete wieder. Laut. Nichts veränderte sich im Zimmer. Aber einige Momente lang schien die Furcht ihren Griff zu lockern. Von diesem Tag an spürte ich eine allmähliche Veränderung in mir. Es war so eine Art heilige Betäubung. Ich kann es bis heute noch nicht richtig erklären. Die Bibel nennt es Frieden. Er kommt, wenn man am wenigsten damit rechnet, und wir fragen uns, ob er auch gekommen wäre, wenn es kein Leid in unserem Leben gegeben hätte. Oder ob wir je Glauben entwickeln würden, wenn wir keine Angst hätten. Oder ob wir lernen würden, Gott wirklich zu vertrauen, wenn es keine Turbulenzen im Leben gäbe.

Eine meiner frühesten Kindheitserinnerungen ist meine Mutter auf Knien. Ich fragte mich immer, wie sie es schaffte, so viel auf den Knien zu sein. Und dann fing ich selbst an, mit der Angst zu kämpfen. Auch das Leben eines fröhlichen Christen bleibt von Angst nicht verschont. Wir alle kennen alle möglichen Ängste. Aber wir entschließen uns, trotzdem weiterzugehen. Wenn uns die Angst in die Knie zwingt, dann bleiben wir so lange dort, bis wir stark genug sind, um wieder aufzustehen.

14 Papa ist wach

Schmerz erzeugt Mut. Man kann nicht mutig sein,
wenn man immer nur Gutes erlebt hat.
MARY TYLER MOORE

Als ich etwa acht oder neun Jahre alt war, hielten meine
Eltern es für angebracht, dass ich mein eigenes Zimmer bekam, weit weg vom Rest der Familie, in einem ziemlich
dunklen Eck, ganz am südlichen Ende unseres Hauses. Sie
haben bestimmt gedacht, dass sie mir damit einen großen
Gefallen taten. Denn ein Junge, der seinen eigenen Freiraum
hat, muss doch glücklich, ausgeglichen und selbstbewusst
sein, bereit, sich dem Leben zu stellen. Aber schließlich können Eltern nicht immer recht haben.

Für einen acht- oder neunjährigen Jungen gab es damals
viel, vor dem man sich fürchten konnte, auch außerhalb jenes düsteren Zimmers. Mein älterer Bruder fühlte sich für
mein Wohlergehen verantwortlich und sorgte dafür, dass ich
mir der Gefahren, die das Leben im Weiten Weißen Norden
mit sich brachte, bewusst war. Eiszapfen waren zum Beispiel
ein Problem. Ein zehn Kilo schwerer, messerscharfer Eiszapfen konnte dem Kopf eines Drittklässlers erheblichen Schaden zufügen, wenn er eines Januarmorgens auf dem Weg zur
Schule die Tür beim Hinausgehen zu fest zuschlug und nach

oben schaute. Ein Kind, das mit einem Eiszapfen im Kopf im Schnee lag, war kein besonders schöner Anblick.

Und dann waren da noch die Bären. Grizzlybären. Wenn man meinem Bruder glauben durfte, lebte eine ganze Horde direkt hinter den Bäumen hinter unserem Haus. Große, zottelige Tiere. Wenn man abends lange genug wach blieb, konnte man sie knurren hören. Manchmal knurrte ihr Anführer, Teufelstatze, ganz besonders traurig. Das war ein sicheres Zeichen dafür, dass sie schon lange nichts mehr zu fressen gehabt hatten. Und dass Teufelstatze Zahnschmerzen hatte.

»Was fressen die denn?«, fragte ich. Derjenige, der behauptet, es gebe keine dummen Fragen, kennt mich nicht.

»Also, am liebsten mögen sie kleine Jungen … sie fangen an den Armen an zu knabbern.«

»Wieso hab ich dann noch nie von jemandem gehört, der gefressen worden ist?«

»Weil sie keine Spuren hinterlassen. Sie fressen sogar die Knochen mit. Und die Leute sprechen nicht gerne darüber. Erinnerst du dich noch an Tom, den Jungen mit den Sommersprossen, der letztes Jahr in deiner Klasse war?«

»Ja.«

»Was meinst du, wo der geblieben ist?«

Ich musste zugeben, dass ich es nicht wusste. Meine Augen wurden immer größer. Und jeden Morgen, wenn ich zur Schule ging, machte ich ganz vorsichtig die Türe zu und schlich mich behutsam zwischen den Bäumen hindurch, wie ein Soldat hinter feindlichen Linien.

Am Nachmittag desselben Tages, an dem ich mein neues Domizil bezog, sahen wir in der Schule den Film *Maria Stuart, Königin von Schottland*. Ich vermute, dass unsere Lehrerin, nachdem sie den Film eingelegt und den Projektor angeschaltet, den Raum verlassen hatte, denn der Film war für ein Publikum gedacht, das etwas älter war als Drittklässler.

Sie müssen wissen, dass ich ein sehr behütetes Leben hatte. Wir hatten keinen Fernseher und mussten daher unsere eigenen Gewaltszenen erfinden. Der Film jagte mir große Angst ein. Es war die wahre Geschichte einer Königin, die mit 15 mit einem Mann verheiratet wurde, mit dem sie wohl nie wirklich einverstanden war. Immerhin sprengte sie ihn in der Mitte des Films, in einer denkwürdigen Szene, mit Schießpulver in die Luft. Aber die letzten Bilder waren noch viel denkwürdiger. Maria Stuart wurde zum Tode verurteilt, und man zog ihr einen schwarzen Sack über den Kopf. Über sie gebeugt, mit einer großen Axt in der Hand, stand ein ziemlich muskulöser Mann, der dann den schwarzen Sack von ihrem Körper abschnitt und feierlich in eine Holzkiste legte.

All das sahen wir in schwarz-weiß, was aus irgendeinem Grund die Sache nur noch gruseliger machte. Schwarz-Weiß-Filme standen für Geschichte, Wahrheit und Endgültigkeit. Einigen Jungen in unserer Klasse schien der Film sehr zu gefallen. Oberflächlich betrachtet schien ich auch dazuzugehören. Aber als wir an diesem Nachmittag still den Filmraum verließen, wusste ich tief in meinem Herzen, dass ich bis zu meinem College-Abschluss kein Auge mehr zumachen würde. Nach der Schule lud ich einen Freund ein, mit zu mir zu kommen, damit ich ihm meine neue Rennbahn zeigen konnte.

Spät am Abend, als die Lichter aus waren und nur noch das Nachtlicht brannte, hielt ich Ausschau nach seltsamen Schatten an der Wand und lauschte, ob ich ein ungewöhnliches Geräusch hörte. Beides war nicht schwer zu entdecken.

Ich hörte, wie sich ein Mann, der eine Axt mit sich schleifte, den Flur entlang zu meinem Zimmer schlich. Die Dielen knarrten. Die Bären knurrten hungrig. Ich zog die Decke höher. Es war schwierig zu entscheiden, wie weit ich die Decke hochziehen sollte. Sollte ich sie mir ganz über den Kopf ziehen? Oder war es besser zu sehen, was in den letzten Sekunden meines Lebens geschah? Der Mann mit der Kapuze, der sich über mich beugt. Die Axt, die herabsaust. Ich fragte mich, wie lange es wohl bei einem Achtjährigen dauern würde, bis sein Leben vor seinem inneren Auge vorübergezogen war.

Plötzlich ... hörte ich Schritte. Das bildete ich mir nicht ein.

Ich wurde stocksteif und war bis aufs Äußerste angespannt. Die Schritte kamen näher. In der Tür tauchte ein riesiger Schatten auf. Er hatte eine Hand am Hals, und mit der anderen schlug er wild in meine Richtung. Der Schatten brüllte: »Aaaaaahhh!«

Ich lag reglos da, schlang die Arme um meine kleine Brust und röchelte.

Mein Bruder David stand in der Tür und lachte, als sei ein Herzinfarkt das Lustigste, was er sich vorstellen konnte.

Ich wurde plötzlich schlaff und lag regungslos, mit weit aufgerissenen Augen da. Davids Grinsen verschwand, und er beugte sich zu mir und schüttelte mich. »Alles o.k.?«, fragte er ernsthaft besorgt.

Ich rührte mich nicht.

Es war die einzige Rache, die mir einfiel.

Irgendwie schien David mich ab da freundlicher zu behandeln. Er holte Dinge für mich. Er stieß mich auf der Schaukel an, ohne zu behaupten, ich würde nie wieder runterkommen. Und als ich am nächsten Montag von der Schule heimkam und er gerade ein Snickers aß, bot er mir sogar die Hälfte davon an.

An diesem Tag hängte meine Mutter zwei Spruchtafeln über meinem Bett auf. Sie schienen von derselben Sache zu handeln, und obwohl ich nicht gerade der Hellste war, wusste ich, worum es dabei ging.

> *Der HERR ist mein Licht und mein Heil; vor wem sollte ich mich fürchten? Der HERR ist meines Lebens Kraft; vor wem sollte mir grauen? Wenn die Übeltäter an mich wollen, um mich zu verschlingen, meine Widersacher und Feinde, sollen sie selber straucheln und fallen.*
> PSALM 27,1-2 (LUTHER 84)

> *Fürchte dich nicht, ich bin mit dir; weiche nicht, denn ich bin dein Gott. Ich stärke dich, ich helfe dir auch, ich halte dich durch die rechte Hand meiner Gerechtigkeit. Denn ich bin der HERR, dein Gott, der deine rechte Hand fasst und zu dir spricht: Fürchte dich nicht, ich helfe dir!*
> JESAJA 41,10.13 (LUTHER 84)

Es wäre schön, wenn ich Ihnen jetzt erzählen könnte, dass ich meine Ängste an diesem Tag besiegte, und dass alle Gedanken an Bären, Äxte und Eiszapfen verflogen waren, als ich diese Bibelverse auswendig gelernt hatte, und ich von da an friedlich schnarchend mit einem Lächeln auf dem Gesicht schlief. Ich würde Ihnen nur allzu gerne erzählen, dass mein Leben ab da vollkommen angstfrei verlief und ich die Sorgen, die wir alle kennen, siegreich überwunden hatte.

In Wirklichkeit habe ich erst nach drei Jahrzehnten, und nachdem ich selbst ein achtjähriges Kind hatte, begriffen, dass wir allen Grund haben zu vertrauen und keinen Anlass, uns zu fürchten.

»Papa …«

Es ist Mitternacht. In unserer Schlafzimmertür steht ein kleines Mädchen in Socken. »Papa … Ich habe Angst.«

Dieses Thema haben wir heute Nacht schon zum dritten Mal. Ich nehme ihre Hand, bringe sie zurück ins Bett und schlage die Bettdecke zurück. Neben ihrem Bett hängen die gleichen Verse, die einmal neben meinem Bett hingen.

»Rachael«, sage ich, »hast du deine Bibelverse aufgesagt?«

»Ja.«

»Und hast du auch Schäfchen gezählt?«

»Ja.«

»Und hast du mit dem guten Hirten gesprochen?«

»Hm-hmm.«

»Hmm. Dann verrate ich dir jetzt ein Geheimnis, und ich hoffe, dass du das nie vergisst.«

»Was für ein Geheimnis?«

»Nun ja … manche Menschen brauchen mehr Schlaf als andere. Ich gehöre zu denen, die nicht so viel schlafen wie du. Hast du schon jemals spät abends an meine Tür geklopft und ich habe geschlafen?«

»Äh … nein.«

»Wenn also ein Einbrecher kommt, dann werde ich wach sein, ja?«

»Hm-hmm.«

»Und wenn uns je ein Monster heimsucht, dann bin ich gleich ums Eck, nicht wahr?«

»Hm-hmm.«

»Dann geh jetzt schlafen, Rachael … Papa ist wach.«

Ich küsse sie auf die Stirn. Und auf die Nase. Und auf das Kinn mit den Grübchen. »Ich hab dich lieb, mein Schatz.«

»Ich hab dich auch lieb, Papa.«

Einige Minuten später schleiche ich mich auf Zehenspitzen aus ihrem Zimmer, krabble in mein eigenes Bett und lege meine eiskalten Füße auf die Beine meiner Frau. Sie setzt sich auf. »Heiße Kartoffeln auf Eis«, meint sie verschlafen und legt sich wieder hin.

Auch ich schlafe mit einem sehr zufriedenen Lächeln ein.

Es ist leicht, friedlich einzuschlafen, wenn wir wissen, dass unser Vater wach ist.

15 Reise ins Vertrauen

*Ich weiß, dass Gott nichts zulassen wird, mit dem ich
nicht fertig werden würde. Ich wünschte mir nur,
er würde mir nicht so viel zutrauen.*
MUTTER TERESA (1910-1997)

Durch nichts lernen wir so zu vertrauen wie durch turbulente Zeiten. Ich schreibe diese Zeilen, während ich angeschnallt in einem engen Sitz sitze, der sich mit etwa 500
Meilen pro Stunde irgendwo über der eisigen Tundra von
Minnesota bewegt, in einem Flugzeug, das vom billigsten
Anbieter hergestellt wurde. Unter uns ist der Boden schnee-
bedeckt. Es sind Minus 40 Grad. Draußen ist es *noch* kälter.
    Die Stewardess geht die üblichen Sicherheitsanweisun-
gen durch …

*Meine Damen und Herren, willkommen an Bord und danke,
dass Sie mit Fifty/Fifty fliegen. Sollte der Kabinendruck sin-
ken, fallen automatisch Sauerstoffmasken aus der Kabinendecke
über Ihnen. Sollte das geschehen, hören Sie bitte auf zu krei-
schen und ziehen Sie die Maske zu sich. Sollte Ihre Sauerstoff-
maske nicht funktionieren, teilen Sie sich bitte eine Maske mit
der Person neben Ihnen. Bitte denken Sie daran, dass das Mittagessen, das wir Ihnen in Kürze servieren werden, als Schwimm-
hilfe benutzt werden kann.*

Vor mir leuchten zwei gelbe Symbole auf. Bei diesen Symbolen muss ich immer lächeln. »Nicht rauchen … Sicherheitsgurt.« Ich bin froh, dass ich diese Lämpchen mit zehn Jahren noch nicht gesehen habe. Ich brauchte keine weiteren Anregungen.

> Mutter: »Philip, was hat dich eigentlich geritten, dass du so etwas geraucht hast?«
> Ich: »Wir sind nach Utah geflogen, Mama, und da habe ich diese Symbole im Flugzeug gesehen …«
> Mutter: »Wirst du das noch einmal machen?«
> Ich: »Nein Sir, Ma'am. Ich habe mir die Lippen am Sicherheitsverschluss verbrannt.«

Jetzt hat der Pilot das »Anschnallen«-Zeichen ausgeschaltet, und wir dürfen uns frei in der Kabine bewegen. Ich bleibe, wo ich bin. »Wir rechnen mit einem angenehmen Flug«, hat der Pilot verkündet. Das ist ein sicheres Zeichen dafür, dass wir gleich einen Testflug durch Hurrikan Henry machen werden.

Und tatsächlich: Eine halbe Stunde später klammere ich mich an die Armlehnen, bis die Fingerknöchel weiß sind, bin blassgelb im Gesicht und höre den Piloten entschuldigend sagen: »Meine Damen und Herren, wir haben das Sturmtief, das auf uns zukam, wohl etwas unterschätzt. Ich werde auf 10 000 Meter steigen, damit … hoppla … Entschuldigung, das war der falsche Knopf.«

Der Herr neben mir ist, dank eines bestimmten Getränks, das er immer wieder bestellt, ganz besonders gesprächig. »Im Auguscht war isch auch in scho einem Flugscheug«, sagt er lauter als nötig. »Da isch dasch Getriebe einfach ekschplodiert. Bumm! Einfach scho.« Er schaut mich mit großen Augen an und hebt dann seinen Plastikbecher, als wolle er anstoßen. Ich nehme mir vor, mich von dem Typen fernzuhalten, sollten wir den Absturz überleben. Er ist die Sorte Mensch, von denen man bei *Reader's Digest* liest, dass sie in ihrer Verzweiflung auch Menschen essen.

»Wasch machen Schie denn beruflisch?«, fragt mich mein Kannibalenfreund.

Wenn mir jemand diese Frage stellt, kann ich mich nicht mehr verstecken. In den nächsten zwei Minuten weiß mein Gegenüber, dass ich Christ bin. Und dann stellt er mir eine Frage, die ich schon ein Dutzend Mal im Flugzeug gehört habe: »Wenn es einen Gott gibt, warum unternimmt er dann nichts gegen all das Leid? Ich würde es tun, wenn ich er wäre.«

»Wenn Sie Gott wären, wäre das gar nicht gut für die Welt, oder?«

Er nickt und lacht. »Ich bin Randy«, stellt er sich vor und schüttelt mir die Hand.

Randy und ich sind gar nicht so verschieden.

Jedes Mal, wenn ich in ein Flugzeug steige, muss ich irgendwie mit meinem Verlangen kämpfen, die Kontrolle nicht zu verlieren. Ich hoffe jedes Mal, dass sie meinen Flugschein anschauen und sagen: »Sir, Sie dürfen heute beim Piloten sitzen. Wir wünschen Ihnen einen guten Flug.« Das würde mir gefallen. Ich würde den doppelten Preis bezahlen, wenn ich dafür dem Piloten über die Schulter schauen und ihm gute Ratschläge geben dürfte. »Wissen Sie was, wenn Sie uns auf 15 000 Meter hochbringen würden, hätten wir bestimmt einen ganz ruhigen Flug …«

Das erinnert mich an eine andere Reise, die vor 5000 Jahren stattfand. Heute Morgen noch habe ich in meinem Hotelzimmer die Geschichte von den Israeliten gelesen, die sich auf die Reise von Ägypten nach Kanaan machten. Sie saßen nicht in einer Boeing 737, wie ich jetzt, aber es gibt einige Parallelen. Genau wie ich hätten sie Gott am liebsten über die Schulter geschaut. Sie wollten die Kontrolle haben.

Sie wollten neben dem Piloten sitzen und ihm gute Ratschläge geben. »Nun ja, Mose hat zwar letzten Mittwoch das Rote Meer geteilt, Herr, aber was wird er heute mit all diesen Amoritern und Jebusitern und Parasiten machen? Er ist schließlich nicht Charlton Heston.[1] Und hast du auch bemerkt, dass wir fast keine Zwiebeln mehr haben?«

Wie jedem von uns fiel es ihnen leicht, Gott zu vertrauen, wenn er Wunder tat und sichtbar unter ihnen war.

Als die Israeliten erkannten, dass der Herr die Ägypter
mit großer Macht besiegt hatte, wurden sie von Ehrfurcht
ergriffen. Sie vertrauten ihm und seinem Diener Mose.
2. MOSE 14,31

Es ist so einfach, Gott zu danken, wenn ich sehe, was er tut. Es ist so einfach, ihm vollkommen zu vertrauen, wenn alles glatt läuft. Aber dann kommen die Probleme, und schon wechselt die Tonart. Angst taucht auf, verspottet mich mit Ungewissheit und verdirbt meine Einstellung. Es folgen Beschuldigungen und Feigheit. Genauso war es bei den Israeliten:

Ängstlich hockten sie in ihren Zelten und klagten:
»Der Herr hasst uns! Er hat uns nur aus Ägypten geholt,
damit die Amoriter uns angreifen und vernichten!
Warum sollten wir ihnen freiwillig in die Arme laufen?
Die Kundschafter haben uns allen Mut genommen.
Sie haben gesagt, dass die Menschen dort stärker und größer
sind als wir. Ihre Städte sind Festungen, die bis zum Himmel
reichen! Auch die Anakiter leben dort; sie sind Riesen!«
5. MOSE 1,27-28

---

1 US-amerikanischer Heldendarsteller, spielte u. a. die Rolle des Mose in »Die Zehn Gebote«.

Vor Angst konzentrieren wir uns auf *unsere* Probleme, *unsere* Sorgen und auf *uns* selbst. Ziel der Angst ist es, uns handlungsunfähig zu machen und uns unsere Freude zu nehmen. Sie will uns durch die Furcht vor dem Unbekannten lähmen und uns solche Angst vor der Zukunft machen, dass wir die Gegenwart vergeuden. Wir fangen an, uns so sehr vor dem Tod zu fürchten, dass wir nicht mehr richtig leben. Aber der Glaube, der oft erst durch Zweifel stark wird, konzentriert unsere Aufmerksamkeit auf Gottes Wirken, auf das, was er verspricht und was er *heute noch* tut:

Lasst euch doch keine Angst einjagen! Fürchtet euch nicht vor ihnen! Der Herr, euer Gott, geht vor euch her! Er selbst kämpft für euch, genau wie er es in Ägypten getan hat. Ihr habt es doch mit eigenen Augen gesehen! Und ihr habt auch erlebt, wie der Herr, euer Gott, euch auf dem Weg durch die Wüste geholfen hat. Bis hierher hat er euch getragen wie ein Vater sein Kind.
5. MOSE 1,29-31

»Er hat euch getragen wie ein Vater sein Kind.« Das sind lebensverändernde Worte.

Kann es sein, dass ich Gott genauso viel bedeute, wie mir meine Kinder, die zu Hause auf mich warten?

Wenn ich zum Fenster hinausschaue, dann scheint die Tragfläche sehr wackelig zu sein. Aber aus irgendeinem Grund, den ich nicht genau erklären kann, bin ich ganz ruhig.

Randy will sich unterhalten, also erzähle ich ihm meine Geschichte. Ich erzähle ihm von meinen Kämpfen. Er schlürft kopfschüttelnd Kaffee. »Ich verstehe einfach nicht, wieso Sie einem Gott vertrauen können, der so etwas zulässt.«

»Manchmal weiß ich das selbst nicht so genau. Aber wenn wir das Flugticket kaufen, vertrauen wir ja auch der

Fluglinie. Ich habe beschlossen, Gott zu vertrauen, egal was passiert.«

Randy sieht zum Fenster hinaus und beobachtet die Tragfläche.

Mir fällt eine Geschichte ein. Unser alter Prediger, Vance Havner, erzählte sie uns immer. Eine ältere Dame war von großen Sorgen geplagt – sowohl von echten als auch von eingebildeten Sorgen. Schließlich meinte jemand aus ihrer Familie taktvoll, aber bestimmt: »Großmutter, wir haben alles für dich getan, was wir konnten. Für den Rest musst du Gott vertrauen.«

Auf ihrem Gesicht breitete sich Verzweiflung aus.

»Oh nein!«, rief sie. »Ist es jetzt schon so weit gekommen?«

Mr. Havner sagte: »Es wird immer so weit kommen. Also können wir es genauso gut auch gleich tun. Die Bibel sagt, wir sollen unsere Sorgen zu Gott bringen. Wenn er uns schon anbietet, sich unserer Probleme anzunehmen, warum überlassen wir sie ihm nicht gleich?«

Und so sitze ich angeschnallt in einem Flugzeug, werde von Turbulenzen durchgeschüttelt, die mich in Gottes Arme treiben, und tippe ein Gebet in meinen Laptop. Randy lehnt sich zu mir hinüber und schaut mir zu:

Oh Herr,

Ich kann diese Last nicht alleine tragen. Ich brauche dich. Ich habe in der Vergangenheit oft erlebt, wie du großartige Dinge getan hast. Das zeigt mir, dass ich dir auch bei dem vertrauen kann, was noch kommen wird. Ich vertraue dir, dass du das Beste für meine Frau und für meine Kinder tun wirst. Ich weiß nicht, was morgen kommt, aber lieber gehe ich mit dir zusammen durch die Dunkelheit, als alleine bei Licht zu gehen. Du hast gesagt, du wirst mich nie verlassen. Darauf verlasse ich mich mehr als je zuvor.

Und dann bete ich im Stillen für Randy, dass er auch lernt, zu vertrauen.

In seinem Buch *Telling Secrets*[2] beschreibt Frederick Buechner, wie er einmal, vollkommen niedergeschlagen wegen der Krankheit seiner Tochter und Familienproblemen, mit dem Auto am Straßenrand stand, als aus dem Nichts plötzlich ein anderes Auto auftauchte, auf dessen Nummernschild ausgerechnet das eine Wort stand, das er in diesem Moment am meisten brauchte: VERTRAUE.

»Was soll man von so einem Augenblick halten?«, schreibt Buechner. »Soll man darüber lachen, als sei es ein Streich, den uns das Leben hin und wieder spielt? Ist es Reden Gottes? Ich denke, dass es vielleicht ein bisschen von beidem war, aber für mich war es in diesem Augenblick eine Eingebung. Wie ich schon fast vermutet hatte, war der Wagenbesitzer Treuhandverwalter in einer Bank. Er hatte die Geschichte in irgendeiner meiner Veröffentlichungen gelesen, hatte herausgefunden wo ich wohnte, und brachte mir eines Nachmittags das Nummernschild. Es steht noch heute in einem Regal bei mir zu Hause. Es ist ein wenig rostig an den Rändern und etwas zerbeult, aber es ist die heiligste Reliquie, die ich je gesehen habe.«

Vertraue. Ich habe mir die verschiedenen theologischen Definitionen genau angesehen. Ich weiß, dass das häufigste Gebot in der Bibel »Fürchte dich nicht« heißt. Aber ich lerne am besten am Straßenrand und in Flugzeugen, was es heißt, zu vertrauen. Es ist diese stille Gewissheit, dass mein Vater im Himmel mich so sehr liebt, dass er mich auffängt und trägt, auch wenn meine Welt aus den Fugen gerät.

Die Angst kann mich verhöhnen, aber sie kann mich nicht anrühren.

2 Frederick Buechner: *Telling Secrets*. HarperOne, New York 1992.

Sie kann mir sagen, welche Richtung ich einschlagen soll, aber sie bringt mich nicht dorthin.

Im Vertrauen erinnere ich mich daran, dass Gott schon immer im Cockpit gesessen und noch nie die Landebahn verpasst hat.

16 Wetten, dass?

Entweder Gott gibt dir, worum du ihn gebeten hast,
oder er gibt dir etwas viel Besseres.
ROBERT MURRAY MCCHEYNE (1813-1843)

Manchmal hören wir eine Geschichte, die unsere Sicht des
Lebens verändert. Für mich trifft diese Beschreibung genau
auf die Geschichte zu, die Sie gleich lesen werden.

Bob Hunter, ein Geschäftsmann aus Washington D.C.,
hatte gerade zum Glauben gefunden. Er ging jeden Sonntag
in den Gottesdienst. Er las jeden Tag in der Bibel. Noch nie
zuvor hatte er so viel Leben in sich verspürt. Und noch nie
zuvor hatte er so viele Fragen gehabt.

Eines Tages fragte Bob Doug Coe einen anderen gläubi-
gen Geschäftsmann, der das nationale Gebetsfrühstück leitete: »Glaubst du wirklich, dass wir Berge versetzen können,
wenn wir beten, wie es die Bibel sagt?«

»Ganz sicher«, erwiderte Doug.

Kopfschüttelnd fragte Bob: »Du behauptest also, wenn
ich bete, dass sich ein Berg bewegt, dann bewegt er sich?«

»Ich will es einmal anders ausdrücken«, antwortete Doug.
»Ich glaube das nicht nur, sondern ich gehe auch eine Wette
mit dir ein. Eine Wette um 500 Dollar. Bob, was weißt du
über Afrika?«

»Nichts.«

»Woran denkst du, wenn du an Afrika denkst?«

»Ich denke an Affen, die sich von Baum zu Baum schwingen.«

»Dann lass uns um Folgendes wetten: Du betest 45 Tage lang: ›Gott, hilf Afrika‹. Das ist alles. Aber du darfst keinen einzigen Tag auslassen. Nach diesen 45 Tagen beurteilst du selbst, ob ein Berg versetzt wurde oder nicht. Wenn du der Meinung bist, er hat sich versetzt, dann schuldest du mir 500 Dollar. Wenn du meinst, er hat sich nicht bewegt, dann sagst du es mir einfach, und ich werde dir 500 Dollar zahlen. Es werden keine weiteren Fragen gestellt.«

Bob war ein raffinierter Geschäftsmann, und die Wette gefiel ihm. Also schlug er ein und fing an, jeden Tag zu beten: »Gott, hilf Afrika.«

Wenige Tage später saß er bei einem Abendessen neben einer älteren Dame. Sie erzählte ihm, dass sie in Uganda lebte und dort ein Waisenhaus leitete. Und sie erzählte ihm von Afrika.

»Warum interessieren Sie sich so für Afrika?«, fragte sie.

Etwas verlegen erklärte er ihr: »Das werden Sie nicht glauben, aber ich habe mit einem guten Freund gewettet.« Er erzählte ihr von der Wette, und am Ende des Abends lud sie den frisch bekehrten Christen ein, mit ihr nach Uganda zu kommen und das Waisenhaus zu besuchen.

Er sagte zu.

In Uganda war er zutiefst berührt von den Waisenkindern. Als er wieder in Amerika war, trommelte er ein paar Freunde zusammen und kaufte mit ihnen zusammen Kleider und Spielsachen, die er dann nach Uganda schickte. Als die Sachen angekommen waren, rief ihn die Frau aus dem Waisenhaus an. »Mr. Hunter«, sagte sie, »die Kinder sind ihnen so dankbar. Können Sie noch einmal kommen?« Er nahm die Einladung an, und es dauerte nicht lange, da war er wieder unterwegs nach Uganda.

Nach einer bewegenden Begrüßungszeremonie, die die Waisenkinder für ihn vorbereitet hatten, erhielt Bob einen Anruf vom Präsidenten von Uganda. Er hatte von den Geschenken erfahren und wollte sich bedanken. Und er lud ihn ein, sich mit ihm an diesem Nachmittag zu treffen.

Als er zu der Verabredung kam, sah Bob, wie der Präsident aus seinem Büro gestürmt kam. »Es tut mir leid«, entschuldigte er sich. »Es ist etwas dazwischen gekommen. Aber würden Sie mit mir kommen, damit wir uns ein wenig kennenlernen können?«

Unterwegs schaute Bob aus dem Fenster auf die Landschaft von Uganda. Plötzlich kam das Auto abrupt zum Stehen. Als er aus dem Fenster sah, entdeckte Bob zu seiner Überraschung etwas, das aussah wie ein Weidegatter. Aber hinter dem Weidegatter drängten sich keine Kühe, sondern Menschen.

»Was geht hier vor sich?«, fragte Bob den Präsidenten.

»Das ist ein Gefängnis für politische Häftlinge«, erwiderte der Präsident. »Diese Männer sind meine politischen Feinde.«

Bob sah wieder zum Fenster hinaus.

»Aber, Herr Präsident«, sagte er, »es ist nicht recht, dass Menschen unter solch schrecklichen Bedingungen leben müssen. Sie müssen sie freilassen.«

»Aber das sind meine politischen Feinde. Sie haben versucht, meine Autorität zu untergraben. Ich kann sie nicht freilassen. Das wäre dumm.«

»Sie müssen sie freilassen«, bestand Bob.

Eine Woche, nachdem er wieder in Amerika angekommen war, erhielt Bob einen Anruf. Das Außenministerium bat ihn, zu einem Treffen mit dem Staatssekretär für Afrikaangelegenheiten zu kommen. Er wusste zwar überhaupt nicht, was er bei diesem Treffen sollte, aber ihm blieb nichts anderes übrig als hinzugehen. Bei dem Treffen fragte ihn der Staatssekretär für Afrikaangelegenheiten: »Mr. Hunter, im Namen der Regierung der Vereinigten Staaten möchte ich Ihnen für das danken, was Sie in Uganda getan haben.«

»Wie bitte?«, fragte Bob. »Die Regierung der Vereinigten Staaten dankt mir, weil ich Waisen in Uganda ein paar Kleider und Spielsachen geschenkt habe?«

»Nein, Mr. Hunter. Der Präsident von Uganda hat kürzlich seine politischen Gefangenen freigelassen. Das hat unsere Regierung schon seit Jahren versucht zu erreichen. Nach der Freilassung erklärte er uns, dass er das getan hatte, weil Sie es ihm gesagt hatten.«

»Weil ich es ihm gesagt hatte?«

»Ja. Was genau haben Sie denn zu ihm gesagt?«

Nach dem Treffen im Außenministerium rief der Präsident von Uganda Bob an und bat ihn, wieder nach Uganda zu kommen und ihm zu helfen, ein neues Kabinett für sein Land zusammenzustellen.

»Aber Herr Präsident«, erwiderte Bob, »ich weiß doch gar nichts über Ihr Land oder welche Menschen am besten für Ihre Regierung geeignet wären. Ich bin doch nur ein amerikanischer Geschäftsmann. Wie soll ich Ihnen helfen, Ihre Kabinettsmitglieder auszuwählen?«

»Mr. Hunter«, bekam er als Antwort, »ich vertraue Ihnen. Bitte kommen Sie.«

Also ging Bob nach Uganda und half dem Präsidenten, so gut er konnte, bei der Wahl seiner Minister. Dadurch entstand eine enge Freundschaft zwischen Bob Hunter und dem Präsidenten von Uganda. Wenn der Präsident jetzt die Vereinigten Staaten besucht, wohnt er bei Bob.

Nachdem Bob 45 Tage lang gebetet hatte: »Gott, hilf

Afrika«, hatte Gott ganz eindeutig geantwortet. Er hatte einen Berg versetzt. Und er hatte Bob in Bewegung versetzt.

Die Sache hatte nur einen Haken.

Bob Hunter schuldete seinem Freund Doug Coe jetzt 500 Dollar.

17 Die Geschichte zweier Könige

Das Erstaunliche daran, wenn man Gott fürchtet, ist,
dass man nichts anderes mehr fürchtet. Wenn man dagegen
Gott nicht fürchtet, fürchtet man alles andere.
OSWALD CHAMBERS

Stellen Sie sich einmal Folgendes vor: Sie sind der mächtigste und bekannteste Herrscher in der Geschichte Ihres Landes. Eine kürzlich durchgeführte Meinungsumfrage hat ergeben, dass 78 Prozent Ihrer Untertanen für Sie gestimmt haben. Ein Hofstaat von mehreren Tausend Menschen erfüllt Ihnen jeden Wunsch. Jede Entscheidung, die Sie treffen, und jeder Befehl, den Sie erteilen, erscheint auf den Titelseiten der größten Zeitungen und Zeitschriften.

Aber in letzter Zeit haben sich die Schlagzeilen ins Negative verkehrt. Die Paparazzi folgen Ihrer Wagenkolonne wie Mäuse, die dem Geruch von Käse folgen. Sie lassen die Blitzlichter ihrer Kameras direkt vor Ihren müden Augen aufblitzen, um Bilder für eine Geschichte einzufangen, von der Sie wünschten, sie wäre nicht wahr. Diese Geschichte würden Sie lieber nicht gedruckt sehen. Sie belegt, dass kleine Risse im Fundament Ihres Königreiches inzwischen zu einem tiefen Spalt geworden sind.

Auf der gleichen Titelseite wie die Schlagzeile »Außerirdische bringen Elvis in ein Wendy's-Restaurant in Cleveland« steht das erste bisschen Wahrheit, das die *Tagespost* seit langem gedruckt hat: »Königssohn hat es auf Krone abgesehen«. Leider stimmt das. Ihr drittältester Sohn hätte gerne Ihren Posten und hat angefangen, sich eine Anhängerschar zu sammeln. Wenn diese Klatschblätter doch nur auch den Rest der Geschichte drucken würden – die Lügen, den Betrug, den Verrat und den Mord, den er begangen hat, um nach oben zu kommen. Aber das schreiben sie nicht. Und jetzt hat Ihr Sohn, den Sie einst auf dem Schoß hatten, eine Armee versammelt, die nur ein einziges Ziel hat: Sie in den Schoß Abrahams zu befördern.

»König flüchtet vor der Hitze der Wüste in Arizona«, steht in fetten Buchstaben auf der Titelseite der Morgenzeitung.

»Königreich zerfällt – König zieht sich in königliche Gruften zurück und isst Kaviar«, wirft Ihnen die *Neue Zeitung* vor.

An einem brütend heißen Julitag sitzen Sie mit dem Stift in der Hand da und überlegen, ob Sie einen bösen Leserbrief schreiben sollen. Ihr Ruf ist zerstört. Ihr Leben steht auf dem Spiel. Da fällt Ihr Blick auf ein altes Buch. Sie blasen den Staub vom Einband und schlagen es in der Mitte auf. Beim Lesen verschwindet Ihr finsterer Gesichtsausdruck langsam. Sie sind nicht der Erste, dem es so geht. Jemand anders hat das Gleiche durchgemacht.

Vor 3000 Jahren war König David genau in dieser Situation. Sein eigener Sohn hatte ihn aus Jerusalem verjagt und durch das staubige Land verfolgt. Absalom wollte den Thron. Und den Kopf seines Vaters. Die meisten Theologen sind sich darüber einig, dass David Psalm 63 auf der Flucht in der Wüste Juda geschrieben hat, einem der trostlosesten Orte auf der Welt. Aber was er schrieb, steht in krassem Gegensatz zu seiner Umgebung und seiner Situation. Aus seinem Herzen kam ein Lied, das heute noch gesungen wird. Dieses Lied zeigt uns vier Wege, wie wir mit den schlimmsten Wüstenzeiten unseres Lebens umgehen können.

Hören Sie genau zu, was David sang:

Gott! Du bist mein Gott! Ich sehne mich nach dir, dich brauche ich! Wie eine dürre Steppe nach Regen lechzt, so dürste ich, o Gott, nach dir. Ich suche dich in deinem Heiligtum, um deine Macht und Herrlichkeit zu sehen. Deine Liebe bedeutet mir mehr als mein Leben! Darum will ich dich loben; mein Leben lang werde ich dir danken und meine Hände zum Gebet emporheben. Ich juble dir zu und preise dich, ich bin glücklich und zufrieden wie bei einem Festmahl. Wenn ich nachts in meinem Bett liege, denke ich über dich nach, meine Gedanken sind dann nur bei dir. Denn du hast mir immer geholfen; ich preise dich, unter deinem Schutz bin ich sicher und geborgen. Ich klammere mich an dich, und du hältst mich mit deiner starken Hand. Die mir nach dem Leben trachten, müssen alle selbst umkommen. Der Tod erwartet sie schon. Sie werden dem Schwert nicht entkommen – ihre Leichen werden von Schakalen gefressen. Der König aber freut sich, weil Gott ihm beisteht. Wer sich beim Schwören auf Gott berufen kann, der darf sich glücklich schätzen; den Lügnern aber wird das Maul gestopft.

Welch eine wunderbare Alternative zu einem Leserbrief. Welch ein leuchtendes Beispiel für nachfolgende Generationen dafür, dass der Gott der Gipfelerlebnisse auch der Gott der Wüstenerfahrungen ist. In diesem Psalm zählt David vier ewige Wahrheiten auf, die jeder »Stinktiervertreiber« auswendig lernen sollte.

1. Stinktiere vertreiben ist Drecksarbeit.

Wenn Sie schon einmal in einer staubigen Wüste unterwegs waren, dann wissen Sie, was Durst ist. Und wenn Sie schon einmal ein Stinktier in Ihrem Kofferraum gefunden haben, dann wissen Sie, wie frustrierend Schwerarbeit sein kann – vor allem wenn man den Kofferraum mit Tomatensaft schrubben muss, bevor man das Auto bei den Gebrauchtwagenanzeigen einstellen kann. David wusste, was es hieß, Durst zu haben. Aber er stillte seinen Durst nicht mit einem isotonischen Sportgetränk oder ertränkte seine Sorgen in Alkohol. In den ersten beiden Versen schreibt David, an wen er sich wandte: »Gott! Du bist mein Gott! Ich sehne mich nach dir, dich brauche ich! Wie eine dürre Steppe nach Regen lechzt, so dürste ich, o Gott, nach dir.«

Wie steht es mit Ihnen? Wohin wenden Sie sich in den dunklen Momenten des Lebens? Wonach dürsten Sie heute?

2. Stinktiervertreiber wissen, wie man Falten ausbügelt.

Ein frisch verheiratetes Ehepaar beschloss kurz nach den Flitterwochen, sich schick zu machen und in einem vornehmen Restaurant essen zu gehen. Zum ersten Mal in ihrem Leben schaltete die Braut ein Bügeleisen ein, stellte ein Bügelbrett auf und versuchte, die Hosen des nagelneuen Anzugs ihres Mannes – das Hochzeitsgeschenk seiner Mutter – zu bügeln. Aber als sie das heiße Bügeleisen ansetzte, musste sie entsetzt zusehen, wie 15 Zentimeter des einen Hosenbeins in Rauch aufgingen.

Der Bräutigam kam vom Zimmer nebenan hereingerannt und schnüffelte. »Ist alles in Ordnung?«, fragte er.

Die Braut brach in Tränen aus und erzählte ihm, was passiert war.

»Schatz«, antwortete der kluge Ehemann, »komm, wir beten und danken Gott, dass mein Bein nicht in der Hose war.«

Unter weitaus schlimmeren Umständen, aber mit der gleichen Weitsicht betete David: »Deine Liebe bedeutet mir mehr als mein Leben! Darum will ich dich loben; mein Leben lang werde ich dir danken und meine Hände zum Gebet emporheben. Ich juble dir zu und preise dich, ich bin glücklich und zufrieden wie bei einem Festmahl.«

Wenn wir anfangen Gott zu loben, dann kann die Freude, die er schenkt, alle Falten ausbügeln.

3. Stinktiervertreiber stellen sogar Shirley MacLaine in den Schatten.

Vor Jahren stand Shirley auf Malibu am Strand, breitete die Arme aus und rief voller Überzeugung: »Ich bin Gott!« Zum Glück hatte sie nicht recht, sonst wären wir alle jetzt in großen Schwierigkeiten. Aber Millionen Menschen glaubten ihr. Seit diesem Zeitpunkt hat die New-Age-Bewegung großen Zulauf und verbindet alles von der Reinkarnation über Meditation bis hin zur Ohrfeige für das Kind in uns. Aber Meditation ist nichts Neues. Wozu Shirley und ihre Nachfolger die Menschen aufforderten, ist nichts anderes als eine entstellte Form dessen, was vor 3000 Jahren dort in der Wüste Juda stattfand.

David wusste, an wen er sich wenden musste, wenn es finster um ihn wurde. Obwohl er einer der mächtigsten Männer auf der Erde war, wusste er doch um seine eigene Schwachheit, und dass er Gottes Kraft brauchte. Also fing er an, über biblische Wahrheiten zu meditieren. In den Versen 6 und 7 sagt König David: »Wenn ich nachts in meinem Bett liege, denke ich über dich nach, meine Gedanken sind dann nur bei dir. Denn du hast mir immer geholfen; ich preise dich, unter deinem Schutz bin ich sicher und geborgen.«

Stinktiervertreiber widerstehen der Versuchung, den Kopf hängen zu lassen oder sich nur um sich selbst zu drehen. Sie wissen, dass sie echte Kraft nur außerhalb ihrer selbst finden, bei Gott.

Deshalb schließen sie die Augen und schauen nach oben.

4. Stinktiervertreiber wissen, wem man vertrauen kann.

Heutzutage ist es nicht immer einfach zu wissen, wem man vertrauen kann. An einem Februarabend schaute Dora Wilson, eine englische Hausfrau in Harlow in der Grafschaft Essex, aus dem Küchenfenster und sah, wie einige Männer die kostbaren Perserteppiche ihrer Nachbarn in einen Umzugswagen luden. Da sie wusste, dass ihre Nachbarn im Urlaub waren, öffnete Mrs. Wilson das Küchenfenster und rief: »He, was machen Sie da?«

»Wir bringen die Teppiche zur Reinigung, Ma'am«, erwiderte einer der Männer und lächelte dabei freundlich.

Mrs. Wilson lächelte zurück. Sie beschloss schnell, den Dienst dieser jungen Männer auch in Anspruch zu nehmen.

»Würden Sie meine bitte auch mitnehmen?«, fragte sie.

Die Männer willigten sofort ein.

Sie haben bestimmt schon erraten, warum.

Es waren Einbrecher.

Ganz im Gegensatz dazu wusste David genau, dass Gott absolut vertrauenswürdig war. Er kannte sich aus in der Geschichte. Und er kannte seine eigene Geschichte. Er war einmal vor Goliath gestanden und hatte ein gewaltiges Problem gehabt. Vielleicht hat er ein wenig gezittert. Wir wissen es nicht genau. Vielleicht hat er auch geschlottert. Ganz bestimmt hat er gebetet. Und dann erlebte er, wie Gott seine Steinschleuder lenkte und damit etwas bewies, an das man sich noch jahrtausendelang erinnern würde: Jeder, der Gott verhöhnt, hat statt Gehirn nur Steine im Kopf.

Vielleicht erinnerte David sich gerade an dieses gigantische Problem, als er schrieb: »Ich klammere mich an dich, und du hältst mich mit deiner starken Hand. Die mir nach dem Leben trachten, müssen alle selbst umkommen. Der Tod erwartet sie schon. Sie werden dem Schwert nicht entkommen – ihre Leichen werden von Schakalen gefressen. Der König aber freut sich, weil Gott ihm beisteht. Wer sich beim Schwören auf Gott berufen kann, der darf sich glücklich schätzen; den Lügnern aber wird das Maul gestopft.«

Wahrscheinlich sind Sie kein König. Aber jeder von uns hat eine einmalige Gelegenheit, wenn wir vor so einer Entscheidung in der Wüste stehen. Wofür entscheiden Sie sich? Einen Leserbrief zu schreiben? Oder einen Blick nach oben zu werfen? Von Ihrer Antwort auf diese Frage hängt alles ab.

18 Schau mal, wer die Tretmühle am schnellsten drehen kann!

Um glücklich zu sein, braucht man nur ein gutes Gewehr,
ein gutes Pferd und eine gute Frau.
DANIEL BOONE

Ich bin überzeugt, dass einer der Hauptgründe, weshalb wir
im Alltag so wenig lachen, ist, dass wir ein Leben auf der
Überholspur führen. Wenn ich unterwegs bin und mich mit
Männern unterhalte, ist eine der häufigsten Antworten auf
die Frage, »Wie geht es Ihnen?«, »Ich habe mehr zu tun als
ein Tausendfüßler auf einem Stepptanz-Wettbewerb.« Wir
leben in einer geschäftigen Zeit. Zur Standard-Ausrüstung
gehört ein Handy. Aber wir haben auch Satelliten, die unser
Auto finden, Piepser, mit denen wir unsere Fernbedienung
finden und Hosen, die sprechen. Wir haben Uhren, die
nachts die Uhrzeit an die Schlafzimmerdecke projizieren.
Und es gibt sogar Handys, die unter Wasser funktionieren.
Welch eine Gebetserhörung! Wie oft war ich schon unter
Wasser und habe gedacht, *Mist, jetzt müsste ich Bob anrufen!*
Ich kann es kaum erwarten, dass jemand ein Gerät erfindet,
das uns langsamer macht.

In letzter Zeit habe ich mich manchmal gefragt, wie
eine Gesellschaft, die zwischen Fast Food, SMS und Mikro-

wellen-Popcorn lebt, ihren Kindern Geduld beibringen will.

Ich kenne Menschen, die sich erholen, indem sie 20 Minuten auf den Stepper gehen und dabei ein erbauliches Buch lesen. Und die glauben, dass die Frucht des Geistes Drängeln, Schubsen und Trampeln ist.

Einer meiner Freunde hat folgenden Spruch auf seinem Schreibtisch stehen: »Wir, die Bereitwilligen, angeführt von den Unwissenden, tun das Unmögliche für die Undankbaren. Wir haben schon so lange so viel mit so wenig getan, dass wir jetzt dazu qualifiziert sind, alles mit gar nichts zu tun.«

Wenn ich das lese, muss ich lächeln. Es erinnert mich daran, dass uns ein Leben in der Tretmühle zum Hamster machen kann. Ein Leben in der Tretmühle führt außerdem zu Sorgen, Ängsten und Depressionen.

In *Alice hinter den Spiegeln* meint Alice: »Man muss so schnell laufen, wie man nur kann, um am Fleck zu bleiben. Wenn man woanders hin möchte, muss man mindestens doppelt so schnell laufen.« Aber wenn wir noch schneller laufen, dann verpassen wir das Wesentliche.

Bill Gates, der 30 Millionen Dollar pro Tag verdient (das sind etwa 30 Millionen mehr, als ich verdiene), erklärte dem *Time*-Magazin einmal, weshalb er nicht in die Kirche geht. »Wenn man einmal nur den Zeitaufwand betrachtet, dann ist Religion nicht besonders effektiv. Es gibt eine Menge anderer Dinge, die ich an einem Sonntagvormittag machen kann.«

Ich gebe es nur ungern zu, aber ich bin genauso schuldig wie Bill Gates. Vor einigen Jahren war ich einmal total platt. Ausgebrannt. Am Ende. Kaputt. Mein Fehler war, dass ich versucht hatte, die Dinge zu erreichen, die ich als Kind nicht gehabt hatte, weil ich unbedingt wollte, dass meine Kinder sie bekamen. Also arbeitete ich lange und hart. An den Wochenenden. Unter der Woche. In den Pausen. In der Nacht.

Wenn ich zu dieser Zeit ein Lebensmotto gehabt hätte, wäre es gewesen: »Das Leben eines Menschen besteht aus seinen vielen Posten.«

Eines Abends kitzelte mein Sohn, Jeffrey, mich, aber ich verzog keine Miene. »Papa«, sagte er, »du lachst gar nicht mehr richtig.«

Mein Leben war beängstigend stürmisch verlaufen, und ich war erschöpft. Der Weg zurück war weit und beschwerlich. Da konnte es nicht schaden, die Lachmuskeln ein wenig zu trainieren. Dabei halfen mir Peter Sellers als Inspektor Clouseau und das Komiker-Trio The Three Stooges. Sie brachten mich so sehr zum Lachen, dass ich vom Sofa rutschte. An eine Szene kann ich mich noch ganz besonders deutlich erinnern. Inspektor Clouseau beugt sich in einer Folge der Filmreihe »Der rosarote Panther« zu einem kleinen, wuscheligen Hund hinunter. Mit seiner unverwechselbaren Stimme fragt er den Hotelbediensteten: »Beißt Ihr Hund?«

»Nein«, erwidert dieser.

Der kleine Hund knurrt böse und beißt den erschrockenen Inspektor.

»Sie haben doch gesagt, Ihr Hund beißt nicht«, sagt Clouseau. Aber der Hotelbedienstete ist schneller. »Das ist nicht mein Hund«, meint er. Lachen hat meine Sicht der Dinge verändert, aber Matthäus 6 hat buchstäblich mein ganzes Leben verändert. Die folgenden Verse aus der Bergpredigt habe ich sogar so oft unterstrichen, dass ich jetzt eine neue Bibel brauche. Nehmen Sie sich bitte einen Augenblick Zeit und lesen Sie sie gründlich.

Darum sage ich euch: Macht euch keine Sorgen um euren Lebensunterhalt, um Essen, Trinken und Kleidung. Leben bedeutet mehr als Essen und Trinken, und der Mensch ist wichtiger als

seine Kleidung. Seht euch die Vögel an! Sie säen nichts, sie ern-
ten nichts und sammeln auch keine Vorräte. Euer Vater im Him-
mel versorgt sie. Meint ihr nicht, dass ihr ihm viel wichtiger seid?
Und wenn ihr euch noch so viel sorgt, könnt ihr doch euer Leben
um keinen Augenblick verlängern.

Weshalb macht ihr euch so viele Sorgen um eure Kleidung?
Seht euch an, wie die Lilien auf den Wiesen blühen! Sie können
weder spinnen noch weben. Ich sage euch, selbst König Salomo
war in seiner ganzen Herrlichkeit nicht so prächtig gekleidet wie
eine dieser Blumen. Wenn Gott sogar das Gras so schön wach-
sen lässt, das heute auf der Wiese grünt, morgen aber schon ver-
brannt wird, wie könnte er euch dann vergessen? Vertraut ihr
Gott so wenig? Zerbrecht euch also nicht mehr den Kopf mit
Fragen wie: › Werden wir genug zu essen haben? Und was wer-
den wir trinken? Was sollen wir anziehen?‹ Mit solchen Dingen
beschäftigen sich nur Menschen, die Gott nicht kennen. Euer
Vater im Himmel weiß doch genau, dass ihr dies alles braucht.
Sorgt euch vor allem um Gottes neue Welt, und lebt nach Gottes
Willen! Dann wird er euch mit allem anderen versorgen.

Deshalb sorgt euch nicht um morgen – der nächste Tag wird
für sich selber sorgen! Es ist doch genug, wenn jeder Tag seine
eigenen Lasten hat.
MATTHÄUS 6,25-34

Wenn Sie, wie ich, in der Tretmühle gefangen sind, dann
nehmen Sie diese Verse ganz bewusst auf. Sie sind befreiend.
Sie sind lebensspendend. Jesus sagt hier, dass sich Sorgen machen bedeutungslos, respektlos und verantwortungslos ist.

Woher weiß man, wann man gestresst ist? Stress ist, wenn
man schreiend aufwacht und dann merkt, dass man noch gar
nicht geschlafen hat. Die folgenden vier Dinge habe ich getan, um wieder Gleichgewicht und Freude in mein Leben
zu bringen.

1. Wir können höher fliegen, wenn wir uns selbst nicht so viel Gewicht beimessen.

Unser Humor spielt eine entscheidende Rolle, wenn es darum geht, eine ausgeglichene Sicht der Dinge zu haben. Wenn Sie einen Chef fragen, was ihm an einem Bewerber wichtig ist, werden Sie feststellen, dass Humor hoch im Kurs steht. Warum? Weil diejenigen, die lächeln, die Gesichter der anderen beeinflussen. Weil diejenigen, die lachen können, länger durchhalten. Der Schriftsteller Max Eastman schrieb einmal: »Ob man Humor hat, zeigt sich daran, ob man einen Spaß vertragen kann, nicht ob man einen machen kann.« Können Sie über sich selbst lachen?

2. Wenn Sie nirgends hin wollen, landen Sie vielleicht genau dort.

Freudige Menschen sind Menschen mit einem Ziel. Mein Leitspruch heißt: Erfolgreich bin ich, wenn ich jeden Tag nah bei Jesus bleibe. Wenn ich eine gute Ehe führe, meine Kinder liebe und sinnvolle Arbeit mache. Erfolgreich bin ich, wenn ich in anderen Heimweh nach dem Himmel wecken kann. In dieser hektischen Welt kann ich befreit aufatmen, wenn ich die Ansprüche, die andere an mich stellen, durch diese Brille sehe. Und vergessen Sie nicht: Verwechseln Sie niemals berühmt mit erfolgreich. Madonna ist das Erste, Mutter Teresa das Zweite.

3. Pausen abzulehnen wird hart bestraft.

Wenn Sie das nächste Mal Ihren PDA in den Toaster stecken, denken Sie daran, dass das vielleicht ein Zeichen dafür sein könnte, dass Sie etwas kürzertreten sollten. Ein Mann schrieb einmal seinem Psychotherapeuten folgende Postkarte: »Der Urlaub ist wunderbar. Ich wünschte, Sie wären hier, um mir zu sagen, warum.« Als ich die Geschichte von

Jesus las, entdeckte ich, dass er oft Pause machte. Niemand hat je so viel erreicht wie er, und das ganz ohne Magengeschwüre. Woher kommt bloß diese Auffassung, Entspannung sei selbstsüchtig? In Wahrheit ist ein Herzinfarkt höchst unproduktiv. Ein Nervenzusammenbruch ist höchst ungeistlich. Wenn wir uns ausruhen, können wir wieder neue Kraft tanken und unsere Prioritäten neu sortieren. Sich ausruhen ist christusorientiert. Lernen Sie, Nein zu sagen. Das ist viel sinnvoller, als Latein zu lernen.

4. Das größte Hindernis, das uns davon abhält, auszuruhen, ist mangelndes Vertrauen.

Als ich noch ein Kind war, hing bei meinen Eltern im Schlafzimmer folgender Bibelvers: »Herr, du gibst Frieden dem, der sich fest an dich hält und dir allein vertraut!« (Jesaja 26,3). Obwohl es so ziemlich die ersten Worte waren, die ich überhaupt lesen konnte, fange ich erst jetzt langsam an, sie zu verstehen. Jedes Mal, wenn ich nachts wach liege und mir Sorgen um morgen mache oder mich die Schnelllebigkeit dieser Welt frustriert, muss ich dieses Vertrauen üben. Mich »fest an Gott halten« heißt nicht, dass ich mich aus dieser Welt zurückziehe, sondern es heißt, dass ich in dieser Welt lebe, aber meine Gedanken auf Christus gerichtet sind. Nur er kann uns Freude, Sinn, Frieden und Ruhe schenken.

Selbst wenn Sie der Schnellste in der Tretmühle sind, bleiben Sie deshalb immer noch ein Hamster.

Lockern Sie also Ihre Krawatte, schlüpfen Sie aus den Schuhen und lesen Sie die nachfolgende Liste mit praktischen Tipps, wie Sie aus der Tretmühle aussteigen können. Vielleicht hängen Sie sie sogar an Ihren Stepper.

1. Danken Sie Gott für den Sonnenaufgang.
2. Strecken Sie sich.
3. Versuchen Sie, beim Zähneputzen zu jodeln.
4. Freunden Sie sich mit positiv eingestellten Menschen an.
5. Kritzeln Sie ein bisschen herum.
6. Atmen Sie jetzt tief durch.
7. Fragen Sie sich, wie ernst Ihre jetzige Krise in einem Jahr aussehen wird. Und in zehn Jahren?
8. Lassen Sie Steine übers Wasser hüpfen.
9. Machen Sie Schattenspiele.
10. Stellen Sie sich vor den Spiegel, und üben Sie Nein zu sagen.
11. Versuchen Sie, nicht alle Antworten sofort zu wissen.
12. Gehen Sie im Regen spazieren, wann immer Sie können.
13. Machen Sie eine Wasserschlacht, wann immer Sie können.
14. Danken Sie Gott, dass Ihre Freunde ein schöneres Auto haben.
15. Machen Sie eine Kopie von Ihrem Gesicht und faxen Sie es an jemanden.
16. Loben Sie andere.
17. Hören Sie mit geschlossenen Augen Musik.
18. Falten Sie ein Papierflugzeug. Lassen Sie es fliegen.
19. Singen Sie laut im Auto. Kurbeln Sie die Scheiben herunter.
20. Grüßen Sie wildfremde Menschen.
21. Zeigen Sie einem Umzugslastwagen Ihren hochgestreckten Daumen.
22. Hören Sie mehr zu.
23. Niesen Sie lauter.
24. Lesen Sie ein gutes Buch mehrmals.

25. Massieren Sie Ihrem Ehepartner oder Ihrem Kind den Rücken.
26. Holen Sie sich bei Aufgaben, die Sie nicht mögen, Hilfe.
27. Ziehen Sie im Flugzeug die Schuhe aus. Aber Vorsicht!
28. Pflanzen Sie jedes Frühjahr etwas.
29. Unterhalten Sie sich mit Ihren Kindern.
30. Unterhalten Sie sich mit Ihren Nachbarn.
31. Unterhalten Sie sich mit Ihren Pflanzen.
32. Treiben Sie Sport.
33. Lächeln Sie.
34. Ruhen Sie sich diesen Sonntag aus.
35. Merken Sie sich einen guten, anständigen Witz.
36. Seien Sie gnädig.
37. Spielen Sie mit einer Rolle Toilettenpapier Fußball.
38. Lesen Sie einem Kind Pu der Bär vor.
39. Meiden Sie negativ eingestellte Menschen.
40. Kaufen Sie eine Blume. Riechen Sie daran, bevor Sie sie dann verschenken.
41. Singen Sie unter der Dusche. Nehmen Sie die Seife als Mikrofon.
42. Lesen Sie ein Gedicht.
43. Pfeifen Sie Kirchenlieder.
44. Kitzeln Sie Ihre Kinder.
45. Probieren Sie etwas Neues aus.
46. Machen Sie einmal im Monat eine Oldies-Nacht.
47. Machen Sie einen Lachspaziergang, und kommen Sie nicht eher wieder zurück, bis Sie über etwas richtig gelacht haben.
48. Gähnen Sie genüsslich.
49. Danken Sie Gott für den Sonnenuntergang.
50. Schlafen Sie genug.

19 Der stotternde Diener

Mut ist die Fähigkeit, richtig zu handeln,
obwohl man eine Heidenangst hat.
GENERAL OMAR BRADLEY

Wovor haben Sie am meisten Angst?

Diese Worte auf der Titelseite des *Time* Magazins holten mich in die Wirklichkeit zurück. Der Zustand meiner Frau verschlechterte sich. Trotz unserer Gebete und einer anderen Einstellung packte uns die Angst wieder mit ihren eiskalten Krallen. Was würden Sie auf diese Frage antworten? In der Zeitschrift wurden ein paar Hundert Phobien genannt. Es gab die Angst vor der Schwiegermutter (Pentheraphobie). Die Angst vor Hühnern (Alektorophobie). Und dann gab es noch die Arachibutyrophobie: die Angst, dass Erdnussbutter am Gaumen kleben bleibt. Davor habe ich keine Angst. Unser Hund hat davor Angst. Es ist ein kleiner Malteser, der uns 300 Dollar gekostet hat – oder 100 Dollar pro Gehirnzelle. Vielleicht haben Sie keine Angst vor Erdnussbutter. Aber ich möchte Ihnen gern folgende Frage stellen: Wovor haben Sie am meisten Angst? Was macht Ihnen so sehr Angst, dass Sie sich in einer Höhle verkriechen und mit den Fingern knacken möchten? Ich werde Ihnen gleich verraten, was es bei mir ist. Aber zuerst interessiert es Sie vielleicht, was nach einer Umfrage die zehn größten Ängste der Menschen sind:

1. Vor einer Gruppe von Menschen zu sprechen,
2. Höhenangst,
3. Insekten,
4. finanzielle Schwierigkeiten,
5. tiefes Wasser,
6. Krankheit,
7. Tod,
8. fliegen,
9. Einsamkeit,
10. Hunde.

Nach dieser Umfrage wären die Leute lieber selbst im Sarg, als die Grabrede zu halten.

Raten Sie mal, wovor ich am meisten Angst habe. Richtig. Vor allen zehn. Nur nicht in dieser Reihenfolge. Ich würde mich lieber mit Schnaken herumplagen als zu sterben. Aber lange Zeit war meine größte Angst auch die Nummer Eins auf dieser Liste: vor Menschen zu sprechen.

Vor vielen Jahren klingelte einmal das Telefon. Ich ging dran. »Phil, wir wollten Sie bitten, für unsere Schulabgänger einen Vortrag zu halten«, sagte eine liebliche Stimme an einer nahegelegenen Schule. »Sie sind ja auch einmal in die Schule gegangen, und deshalb wollten wir Sie bitten, nächsten Freitag, am Vorabend der Abschlussfeier, zu kommen.«

»Äh«, stotterte ich, »ich würde lieber mit einem Lendenschurz über flüssiges Eisen kriechen.« Nein, das habe ich nicht gesagt. Ich habe allerdings gesagt: »Nun ja, … äh … darüber muss ich einen Augenblick nachdenken. So, jetzt habe ich nachgedacht. Ich kann nicht. Ich werde viel zu nervös. Meine Lippen zittern, meine Knie schlottern, meine

Leber schmerzt, ich fange an zu sabbern. Aber trotzdem …
äh … vielen Dank. Sie dürfen mich gerne wieder fragen.
Vielleicht so in 400 Jahren.

Die Dame brachte noch ein höfliches Lachen heraus, bevor sie auflegte. Ich legte den Hörer weg und merkte, dass
meine Hände schwitzten. *Ich bin definitiv kein Prediger,* dachte
ich.

Zwei Jahre später war ich in Hochstimmung, als mein erstes
Buch herauskam, *Honey, I Dunked the Kids* (Liebling, ich
habe die Kinder versenkt). Als das erste Exemplar eintraf,
nahm ich es mit nach Hause, um es abends gebührend zu
feiern. Während unseres Festmahls in der Küche erzählte
ich Ramona, wie die Bee Gees damals berühmt geworden
waren. »Sie gingen in ganz Australien in alle Plattenläden
und kauften ihre eigenen Platten«, sagte ich. »Die Zahlen erschienen dann in den Charts, und die Leute fingen an, die
Platten zu kaufen. Das sollten wir auch machen.«

»Da gibt es nur ein winziges Problem, Schatz«, sagte sie.
»Wir haben kein Geld. Reichst du mir bitte die Erbsen?«

Ich schaute mich nach dem Buch um, um den Einband
noch einmal zu bewundern. Jeffrey, der gerade das verflixte
dritte Jahr durchmachte, hatte es hinters Sofa geschleppt. Als
ich ihn entdeckte, hatte er mein Buch schon bearbeitet und
die Ecke zerkaut.

An jenem Abend legte ich das Dreiviertel-Buch auf meinen Nachttisch, als ich ins Bett ging. »Danke, Herr«, betete
ich und hielt dabei Ramonas Hand. »Wir widmen dir dieses
Projekt. Ich bin dankbar, wenn du diese 340 Gramm – ich
meine 255 Gramm – gebrauchst, um deine Botschaft zu ver-
breiten.«

Ein paar Tage vergingen. Die Verlegerin rief an und erzählte mir, dass das Buch über Nacht ein großer Erfolg ge-

worden war. Ich fragte, was das bedeutete. Sie meinte: »Sie sollten sich darauf einstellen, im Radio und im Fernsehen zu erscheinen. Bereiten Sie sich darauf vor, dass Sie in der Öffentlichkeit sprechen müssen.«

Ich war zu Tode erschrocken.

Ich ging nach Hause und schlich mich von hinten an meine Frau an, die gerade in der Küche Kartoffeln erstach. Wenn Sie so etwas machen, müssen Sie sehr vorsichtig sein. Ich erzählte ihr, was mir bevorstand. Sie sagte: »Schatz, erinnerst du dich an die Geschichte in der Bibel, in der Gott Bileams Esel benutzt hat, um zu ihm zu sprechen? Dann kann er dich vielleicht auch gebrauchen.«

Ich glaube, das war als Kompliment gemeint.

Ich ging in mein Schlafzimmer (genauer gesagt ist es unser gemeinsames Schlafzimmer – wir schlafen im gleichen Bett). Ich kniete mich mit geöffneten Händen vor Gott und betete. »Alles, was ich habe, gehört dir. Ich tue alles, was du willst. Wenn du jemanden wie mich gebrauchen kannst, wäre das umwerfend.«

Ein paar Tage später klingelte das Telefon. »Mr. Callaway«, sagte eine freundliche Stimme. »Wir haben in unserer Gemeinde eine Frauengruppe, und wir haben gemeinsam Ihr Buch gelesen. Würden Sie zu uns kommen und uns zum Lachen bringen?«

Im ersten Moment wusste ich nicht recht, was ich sagen sollte. Schon seit der zweiten Klasse, als ich in der Ecke des Klassenzimmers unter dem Eselshut stand und für meine Klassenkameraden Grimassen schnitt, wusste ich, dass ich andere zum Lachen bringen konnte. Als Gott seine Gaben an die Menschen verteilte, hat er einigen schön verpackte Geschenke gegeben, auf denen *Lehrer*, *Prediger*, *Ermutiger* oder *begnadeter Klempner* stand. Das sind alles wunderbare Gaben. Dann kam er zu mir. Auf meinem Geschenk stand

Verdrehte Gedanken. Ich stelle mir gerne vor, dass er dabei lächelte und die Engel jubelten.

Ich sagte der Dame am Telefon zu. Ich glaube, damit hatte ich uns beide überrascht. Aber an jenem Abend verstand ich, warum. Ich war damals gerade dabei, die ganze Bibel in einem Jahr durchzulesen (manchmal schaffe ich es, manchmal nicht) und war gerade bei 2. Mose. Als Mose, der später auch Prinz von Ägypten genannt wurde, vor einem brennenden Dornbusch stand und Gottes Berufung an ihn hörte, zuckte er zusammen wie ein Bettler. »Moment mal, Gott«, sagte er. »Nicht mich. Ich stottere. Meine Knie schlottern. Ich fange an zu sabbern.« Und Gott sagte: »Das macht nichts. Ich kriege das schon hin.«

Und das hat er auch.

Als ich vor diese liebenswerten Damen trat, um zu ihnen zu sprechen, dachte ich an Mose und grinste breit. Natürlich war ich nervös. Meine Lippen zitterten. Meine Knie schlotterten. Meine Leber tat weh. Vielleicht habe ich sogar ein wenig gesabbert. Aber sie haben gelacht. Und einige von ihnen haben sogar geweint. Und plötzlich musste ich an das denken, was ich wenige Tage zuvor in meine Bibel geschrieben hatte:

Mose stotterte.
Sara lachte.
Jakob rang mit Gott.
Abraham log.
Rahab war eine Prostituierte.
David trieb sich gerne auf dem Dach herum.
Simson brachte ein Haus zum Einsturz.
Jona war wie vom Fisch verschluckt.
Jeremia war depressiv.
Petrus hatte Angst um sein Leben.

Matthäus war bei der IRA.

Lazarus war tot.

Paulus war ein Mörder.

Zachäus war zu kurz geraten.

Dann kannst du mich wohl auch gebrauchen, Herr.

Ob Sie es glauben oder nicht, aber heute ist es das Lohnendste für mich, jedes Jahr zu Tausenden von Menschen zu sprechen (abgesehen vielleicht von Schmusen mit meiner Frau und Golf spielen mit den Kindern). Nicht, weil ich so toll bin, sondern weil Gottes Kraft in unserer Schwachheit vollkommen wird. So steht es im zweiten Korintherbrief.

Ich lebe noch nicht so lange, aber ich habe das Gefühl, dass Gott immer die am wenigsten Qualifizierten aussucht, um in seinem Reich zu arbeiten. Vielleicht, weil sie eher daran denken, wem die Ehre gebührt.

Wie steht es mit Ihnen?

Verpassen Sie etwas Lohnendes, weil Sie Angst haben?

Der Autor Bill Butterworth hat mir einmal eine wunderbare Geschichte erzählt. Als er in der achten Klasse war, war der junge Billy nach eigener Aussage ein Missetäter. Er wartete bis zum letzten Tag des Metall-Werkunterrichtes, um mit einem Projekt anzufangen, von dem seine ganze Note abhing (kommt Ihnen das bekannt vor?). Die leichteste Aufgabe war, einen Schraubenzieher herzustellen. Man muss also nicht den IQ eines Footballstars haben, um zu wissen, für welches Projekt Bill sich entschied. Nachdem er einen Stahlstab so lange ins Feuer gehalten hatte, bis er rot glühte, legte er ihn auf den Amboss und drosch mit einem Schmiedehammer darauf ein. Leider konnte Billy nicht besonders gut zielen. Leider klopfte er mehr platt, als er beabsichtigt hatte. Und er hatte keine Zeit, um noch einmal von vorne anzufangen.

»Es war der hässlichste Schraubenzieher, den du je gesehen hast«, erzählte mir Bill, »und ich wusste, dass das mein Untergang war.«

Am nächsten Tag ließ der Lehrer Billy nach vorne kommen und hielt eine Rede, die wohl sarkastisch gemeint war. Der Lehrer schloss schließlich mit den Worten: »Meine Herren, es freut mich außerordentlich, die Auszeichnung für ein besonders gelungenes Metallverarbeitungsprojekt in diesem Jahr Herrn Butterworth zu verleihen … für seinen Meißel.«

Ich bin mir nicht sicher, ob der Lehrer sich dessen bewusst war, aber ein kleiner Junge hatte an diesem Tag seine Lektion gelernt. Schwimme mit dem Strom. Richte dich nach deinen Stärken. So viele Menschen wollen Schraubenzieher sein und denken ihr ganzes Leben lang nur daran, wo sie es verhauen haben. Auch ich habe diesen Fehler manchmal gemacht. Aber ich lerne immer mehr, mich nach meinen Stärken zu richten und meine Gaben einzusetzen. Ich bin kein Prediger, aber das macht nichts. Wahrscheinlich sind Sie auch keiner. Aber Sie können eine Mutter sein, die die Kinder niemals vergessen werden. Oder ein Hausmeister, der für sein fröhliches Pfeifen bekannt ist. Oder ein begnadeter Vertreter.

Was auch immer es sein mag, machen Sie das, was Sie sich nicht vorstellen können, nicht zu tun. Und vergessen Sie niemals, wem die Ehre gebührt.

Übrigens habe ich, seit ich jene erste Einladung abgelehnt habe, häufig bei Abschlussfeiern gesprochen. Und es ist zwar kaum zu glauben, aber mein ältester Sohn war vor Kurzem auch dabei. Im nächsten Kapitel werden Sie einen Brief lesen, den ich ihm zu seinem Schulabschluss geschrieben habe.

20 Für Stephen zum Schulabschluss

Glücklich der Mensch, der über sich selbst lachen kann.
Er wird immer etwas haben, worüber er sich amüsieren
kann.
HABIB BOURGUIBA

Mein lieber Sohn,
es scheint, als sei dein Kindergartenabschluss erst letzten
Mittwoch gewesen, als du da standest mit der Rolle Lifesaver-Bonbons, die von deinem Papphut hing. Gratuliere, dass
du bis nach dem letzten Lied gewartet hast, bis du die Bon-
bons zerkaut hast. Und heute möchte ich dir zu einer noch
viel größeren Errungenschaft gratulieren: deinem Schulabschluss.

Deine Mutter und ich hätten am liebsten »Halleluja« gesungen, als du dein Abschlusszeugnis in Empfang genommen hast, denn es hat Zeiten gegeben, in denen wir uns
gefragt haben, ob du neben Eishockey oder Baseball oder
Computer spielen auch noch deine Hausaufgaben machen
würdest. Du hast genau wie ich ADS, eine wunderbare
Eigenschaft, bei der das Leben voller Überraschungen ist,
die aber die Lehrer noch nicht richtig zu schätzen wissen.
Trotzdem hast du genug Klassenarbeiten und Aufsätze geschrieben und Frösche seziert. Ich bin stolz auf dich. Als ich

so alt war wie du jetzt, war ich wahnsinnig in deine Mutter verliebt. Ich bin froh, dass ich diese Dummheit bei dir noch nicht gesehen habe.

Manche deiner Schulkameraden haben heute eine Auszeichnung bekommen, und es ist wichtig, dass du lernst, dich mit denen zu freuen, die glücklich sind. Die Callaways haben selten irgendwelche schulischen Auszeichnungen bekommen, was zum Teil daran liegt, dass wir den anderen eine Chance lassen wollten, und zum Teil daran, dass wir, wie unser Großvater einmal gesagt hat, gerade am Buffet über den Schinken hergefallen sind, als das Gehirn verteilt wurde. Ich war früher das Enfant Terrible, aber andere Auszeichnungen bekam ich nie. Und da du von deiner Schule keine Auszeichnungen bekommen wirst, möchte ich dir heute drei ganz besondere Auszeichnungen verleihen, die von dir bekannten Unternehmen gestiftet worden sind.

1. Den Pulitzer-Preis für Humor. Salomo schrieb, dass Lachen Medizin fürs Herz sei, und du hast bewiesen, dass er recht hatte. Du hast die wildesten Grimassen erfunden, Dinge gesagt, die wir immer noch kaum glauben können, und jede Menge Humor in unsere Familie gebracht. Du hast mir Kaugummi ins Haar geklebt, Seife auf meine Zahnbürste getan und Brausetabletten in den Duschkopf gesteckt. Wenn mich Menschen fragen, woher ich all die Ideen für meine Bücher nehme, dann brauchen sie eigentlich nur auf dich und deine Geschwister zu schauen. Vergiss nie, dass einmal herzhaft lachen besser ist als drei Löffel Vollkornmüsli. Lachen ist eine heilige Gabe eines liebenden Gottes. Diejenigen, die am herzhaftesten lachen, tun das nicht, weil das Leben für sie so leicht ist, sondern weil sie Gottes gnädige Hand auf ihrer Schulter gespürt haben.

2. Den Callaway-Golfpreis. Die Menschen fragen sich, wie ich ein Spiel durchhalten kann, bei dem Ausdauer, Mut und Hingabe mit Magengeschwüren belohnt werden. Der Grund ist ganz einfach: Ich liebe es, bei meinen Kindern zu sein. Gemeinsam haben wir Löcher in den Rasen von Dutzenden von Golfplätzen geschlagen. Und wir haben beunruhigende Dinge über unsere sündige Natur gelernt. Manchmal waren wir sogar so sauer auf uns selbst, dass wir ganz vergessen haben, unsere Feinde zu hassen. Ich mag es, wenn du alles in den Schlag hineinlegst. Und ich gönne es dir, dass du den Ball inzwischen weiter abschlagen kannst als ich. Diese Welt wird erst besser werden, wenn Kinder ihren Eltern helfen, sich zu verbessern. Also hau ruhig richtig drauf. Deine Generation zeichnet sich durch Teilnahmslosigkeit aus. Möge niemand das je von dir sagen. Hol richtig aus im Leben und triff es genau in der Mitte.

3. Den GEG-Preis (Gott erhört Gebet). Vor achtzehn Jahren hat deine Geburt mein Leben verändert. Kleinlaut musste ich meine Schwächen erkennen. Ich war vollkommen unvorbereitet auf das Ausmaß meines Verlangens, dass du einmal mit Jesus lebst. Damals fing ich an, ein einfaches Gebet zu sprechen: dass du Jesus lieben und niemals aufhören würdest, ihn zu lieben. Ich habe erlebt, wie er dieses Gebet wunderbar erhört hat. Inzwischen ist mein Gebet noch grundlegender: dass du erkennst, wie schrecklich die Sünde und wie großartig Gott ist. Du bist mit mir zu einigen Hundert Vorträgen gereist und hast mein Gepäck durch unzählige Flughäfen geschleppt. Dabei hast du gesehen, was Satan alles anrichten kann. Aber du hast auch Gottes Wirken erlebt. Erinnerst du dich noch an die Männerfreizeit, auf der ein verurteilter Mörder, der von oben bis unten tätowiert war, dich fest in den Arm nahm? Wahrscheinlich erinnerst du dich. »Geh mit Gott«, sagte er, »dann wirst du nicht da enden, wo ich jetzt bin. Ich habe meinen Vater nie gekannt. Danke Gott für deinen Vater.«

Ich habe ein paar Auszeichnungen erhalten, aber keine davon ist so ehrenvoll, wie dein Vater zu sein.

Heute vor 25 Jahren haben deine Mutter und ich an der gleichen Stelle unser Abschlusszeugnis von der gleichen Schule entgegengenommen. Wir haben erlebt, dass Gott alle seine Verheißungen erfüllt hat. Jeden Tag war er uns treu gewesen. Das wird er auch für dich sein.

Vermutlich hast du meine Tränen gesehen, als du mit deinen beiden Freunden das Schlusslied bei der Feier gesungen hast. Ich konnte mich nicht beherrschen. Ich habe geweint, weil ich dich liebe. Ich habe geweint, weil der Liedtext es genau auf den Punkt gebracht hat: »Deine Gnade ist wunderbar. Deine Liebe verlässt mich nie. Jeden Tag fall ich vor dir auf die Knie. Deine Gnade ist wunderbar.«

Hör nicht auf, das zu singen. Hör nicht auf, danach zu leben. Bis du einmal bei Ihm bist.

Mit Liebe, Bewunderung und Beifall,
dein Vater.

P.S.: Wir hoffen, dass dir das Geld, die Bücher und die Lifesaver-Bonbons gefallen. Eines Tages, wenn du nicht damit rechnest, werde ich mich für den Kaugummi im Haar, die Seife auf der Zahnbürste und die Brause in der Dusche revanchieren.

Stinktier-Vertreiber

*Angst ist die Dunkelkammer, in der Negative
entwickelt werden.*

*Ein gesunder Schrecken ist mehr wert als ein
gesunder Rat.*
ED HOWE

*Angst ist wie ein Baby – sie wächst, wenn man
sie nährt.*

Große Weisheiten von kleinen Leuten:

Lass nie einen Hund dein Essen bewachen.
Wenn man Hunden Tic Tacs gibt, haben sie hinterher trotz-
dem noch Mundgeruch.
Manchmal hat die beste Rolle im Stück am wenigsten Text.
Frag so lange: »Warum?«, bis du es verstanden hast.
Man kann Rosenkohl nicht in einem Glas Saft verstecken.

*Sorge verschwendet die Zeit von heute und vermasselt die
Gelegenheiten von morgen mit den Problemen von gestern.*

Angst hält gefangen. Glaube befreit.
Angst bringt Sorgen. Glaube bringt Sieg.
Angst duckt sich. Glaube erhebt sich.
Angst entmutigt. Glaube ermutigt.
Angst bringt Dunkelheit. Glaube bringt Licht.
Angst lähmt. Glaube beflügelt.
Für die Angst steht die Hoffnungslosigkeit im Mittelpunkt.
Der Glaube legt Gott die Angst zu Füßen.

Die Angst kann uns die ganze Nacht wachhalten,
aber der Glaube ist wie ein weiches Kissen.

Kindliche Weisheit:

Lass dir nie von deiner Mutter die Haare kämmen, wenn
sie gerade sauer auf deinen Vater ist.
Wenn deine Schwester dich haut, schlag nicht zurück. Es wird
immer nur der erwischt, der als zweites haut.
Pausenbrote bleiben an der Wand kleben.
Versuche nie, gleichzeitig einen Staubsauger und eine Katze
festzuhalten.
Niese nie, wenn jemand dir gerade die Haare schneidet.

Auch wenn ich nicht bei euch bleibe, sollt ihr doch Frieden
haben. Meinen Frieden gebe ich euch; einen Frieden,
den euch niemand auf der Welt geben kann. Seid deshalb
ohne Sorge und Furcht!
JOHANNES 14,27

Teil 4

Die Frucht des Geistes sind nicht Zitronen

*Ich habe kein Verständnis für Christen mit langen
Gesichtern. Wenn man eine Sache über Gott sagen kann,
dann dass er Freude ist.*
JOE E. BROWN, SCHAUSPIELER, 1892-1973

Wer am lautesten lacht, hat die geradesten Zähne.
PHIL CALLAWAY

*Dies alles habe ich euch gesagt, damit ihr durch mich
Frieden habt. In der Welt habt ihr Angst, aber lasst euch
nicht entmutigen: Ich habe die Welt besiegt.*
JOHANNES 16,33

Es war eine verrückte Art, Valentinstag zu feiern. Aber wir
waren tatsächlich im Wartezimmer des Krankenhauses. Seit
Ramona ihre Anfälle hatte, waren wir uns sicher, dass sie
Chorea Huntington hatte. Die Tests waren im März durchge-
führt worden. Dann fing das Warten an. Nach zehn Monaten
waren die Ergebnisse endlich da. Am 14. Februar gingen wir
ängstlich den Krankenhausflur entlang zu einem winzigen
Büro. Zwei Ärzte warteten dort auf uns. Eine hielt einen
Umschlag in der Hand. Sie zog ein einzelnes Blatt Papier daraus hervor. Das war der Brief, der unsere Zukunft besiegelte.

»Ramona«, sagte sie freundlich, »Sie haben das normale Gen …«

Mir schossen tausend Gedanken durch den Kopf. *Das Huntington-Gen. Die Frau, die ich liebe, wird schon bald ein Pflegefall sein. Meine Kinder haben mit 50-prozentiger Wahrscheinlichkeit die gleiche Krankheit.*

Dann fuhr sie fort: »… das heißt, dass Sie kein Chorea Huntington haben.«

Wir standen auf. »Soll das heißen, dass wir die Krankheit nicht haben?«

Wir konnten es einfach nicht begreifen und wiederholten die Frage noch dreimal. Sie wiederholte ihre Antwort. »Nein, Sie haben die Krankheit nicht.« Eine riesige Last fiel uns vom Herzen. Wir umarmten die Ärzte und dankten ihnen immer wieder. Dann eilten wir hinaus und lachten jenes erleichterte Lachen, wie ein Soldat, wenn auf ihn geschossen wird und die Kugel ihn verfehlt. An jenem Abend saßen wir mit Freunden vor einem Meeresfrüchte-Essen und lachten so lange, bis die anderen Gäste im Restaurant das gleiche Essen haben wollten wie wir.

Lachen. Dieses Geschenk hatten wir bekommen, lange bevor wir jenen Krankenhausgang betraten. Es war während der zehn Monate ungewissen Wartens da. Bei den Nachwirkungen der unzähligen Anfälle, die Ramona gehabt hatte, war die Freude Christi da. Lachen ist das freundliche Lächeln Gottes beim Anblick unseres sorgenvollen Lebens. Was wir nicht ahnten, war, dass noch mehr Sorgen vor uns lagen …

21 Grundkurs Lachen

Ein humorloser Christ ist absolut nicht heilig.
QUINTIN STIEFF

Wussten Sie, dass Kinder durchschnittlich 200 Mal am Tag lachen? Das behaupten Wissenschaftler. Eine erstaunliche Vorstellung, oder? – Dass es Wissenschaftler gibt, die sich damit befassen, meine ich. Aber ich vermute, dass ihre Behauptung stimmt. Schließlich können Kinder über alles lachen. Wenn Sie sich den Kopf an der Autotür anstoßen, findet ein Kind das sehr lustig. Für einen Vierjährigen ist es extrem witzig, wenn ein Mann im mittleren Alter über den Rasen hüpft und schreit, weil er sich auf den Daumen gehauen hat. Das laute *Zack!* des Gummis, mit dem er auf Papas Zeitung geschossen hat, nachdem dieser von einem langen Arbeitstag nach Hause gekommen ist, mit anstrengenden Sitzungen, in denen er sinkende Verkaufszahlen erklären musste, ist so ziemlich das Lustigste, was sich ein Vierjähriger vorstellen kann. Darüber kann er sich wochenlang amüsieren.

Und wahrscheinlich wird er es noch einmal versuchen. Nur um zu hören, wie sein Vater losbrüllt.

Erwachsene können dagegen nicht so gut lachen. Besagte Wissenschaftler behaupten sogar, dass Erwachsene nur etwa vier Mal pro Tag lachen. Unglaublich, oder? (Ich glaube, manche von uns lachen öfter, aber erinnern Sie sich noch an Ihren Biolehrer in der Schule? Er gleicht die Statistik wieder aus.) Wo sind nur die 196 Mal Lachen pro Tag geblieben?

Ich bin immer dankbar, wenn die Menschen über meine Witze lachen. Mit meinem Sinn für Humor verdiene ich meinen Lebensunterhalt, aber er ist gleichzeitig auch, sagen wir mal, interessant für meine Frau. Die Leute fragen sie: »Wie geht es denn bei Ihnen zu Hause zu? Sie haben bestimmt viel Spaß. Wahrscheinlich fallen Sie die ganze Zeit vom Stuhl vor Lachen.« Und dann fängt sie an zu lachen, als sei das das Lustigste, was sie seit Wochen gehört hat. Erwachsensein ist eben eine ernste Angelegenheit. Die Kämpfe des täglichen Lebens drohen uns eine der großartigsten Gaben zu nehmen, die Gott uns gegeben hat: das Lachen.

Es ist überraschend, wie viele Komiker mit einem freudlosen Leben kämpfen. Vor seinem Tod wurde der Komiker Rodney Dangerfield vom *Time* Magazin gefragt: »Glauben Sie, dass Depressionen bei Komikern zum Berufsrisiko gehören?« Er antwortete: »So ist das nun mal. Was soll ich Ihnen sagen? Je besser ein Komiker ist, desto depressiver ist er. Mit 15 versuchte ich, dem Unglücklichsein zu entkommen, indem ich Witze schrieb. Es ist also möglich, dass Komiker sein nur eine Flucht aus der Depression ist.«

Kürzlich bekam ich eine E-Mail, in der mich ein junger Vater fragte: »Wer hat mir die Freude genommen? Bitte sagen Sie mir, wo ich sie wiederfinden kann und wie ich sie zurückbringe.« Wenn ich jedes Mal fünf Cent bekäme, wenn mich das jemand fragt, dann hätte ich jetzt mindestens schon einen Vierteldollar. Aber mal im Ernst, solche Fragen bekomme ich fast jeden Tag zu hören. Wenn das Lachen, das früher einmal durch Ihr Haus schallte, nicht mehr da ist, oder wenn Sie durch die Umstände mit dem Rücken zur Wand stehen, dann sollten Sie die nächsten Minuten sehr aufmerksam lesen.

Vor Kurzem sprach ich vor eintausend Menschen in einer Kirche im wunderschönen British Columbia, Kanada. Das Thema hieß: »Das letzte Lachen«. Umgeben von prächtigen bunten Glasfenstern befand ich mich in einer Gemeinde, die eher für ihre Ernsthaftigkeit als für ihr Lächeln bekannt war, und so fragte ich mit einem zaghaften Grinsen: »Meinen Sie, wir dürfen hier lachen?«

Alle fingen an zu lächeln.

Während ich einige der urkomischsten Dinge zum Besten gab, die unsere Kinder im Laufe der Zeit von sich gegeben hatten, wurde aus dem Lächeln ein Lachen. »Wir bekamen in drei Jahren drei Kinder«, erzählte ich. »Jemand fragte mich einmal, wie das so sei. Ich erklärte ihm, dass wir weitaus zufriedener seien als ein Mann mit drei Millionen Dollar.

Wie das?

Nun, der Mann mit den drei Millionen Dollar will mehr haben.«

Manche brauchten ein paar Sekunden, bis sie verstanden hatten, aber dann lachten sie herzhaft. Ich erzählte weiter, dass unsere Kinder in der Sonntagsschule nicht immer das lernten, was wir dachten. Als Beweis las ich die nachfolgenden Aussagen einiger Kinder aus der Sonntagsschulklasse vor. Es sind echte Zitate, mit denen sie ihre Lehrer zum Lachen und ihre Eltern zum Weinen brachten. Hier einige Beispiele:

- Das erste Gebot war, dass Eva Adam befahl, den Apfel zu essen.
- Salomo hatte 200 Frauen und 700 Honigbienen.
- Die Leute, die Jesus nachfolgten, nannte man die zwölf Opossums.
- Die goldene Regel heißt, den anderen das anzutun, was sie dir antun.

- Als Christ darf man nur eine Frau haben. Das heißt dann Monotonie.
- Lots Frau wurde bei Tag zur Salzsäule und bei Nacht zu einem Feuerwerk.

Als ich die letzte Zeile vorgelesen hatte, stand eine ältere Dame mühsam auf und schlurfte zum Ausgang. Auf dem Weg sagte sie dem Kirchendiener noch gehörig die Meinung. »So etwas hat in der Kirche nichts zu suchen«, sagte sie. »Richten Sie das Mr. Callaway aus.«

Leider hat diese Dame es versäumt, mit 999 anderen Menschen unseren Grund zum Lachen zu feiern: die wunderbare Hoffnung auf den Himmel. Und die Freude, die nur Jesus seinen Kindern hier auf der Erde geben kann.

Mein Freund und Komiker-Kollege Ken Davis (den ich so lange bewundern werde, bis er mich beim Golf schlägt) hielt eines Abends einen Vortrag in einer Gemeinde. Mittendrin bemerkte er in der ersten Reihe einen Mann, der um keinen Preis lachen wollte. Ken versuchte es mit seinen besten Witzen (und Sie können mir glauben, die sind wirklich gut), aber es nützte nichts. Der Mann saß völlig ungerührt da und sah Ken während seines Vortrags, der bei anderen Lachkrämpfe auslöste, nur stirnrunzelnd an.

Nach der Veranstaltung kam der Mann auf Ken zu, der schon auf das Schlimmste gefasst war. Er streckte ihm die Hand entgegen und meinte ganz aufrichtig: »Ich möchte mich bei Ihnen bedanken, Mr. Davis. Ich habe schon lange nicht mehr so gelacht.«

W.C. Fields meinte einmal scherzhaft: »Lächle gleich als erstes morgens, dann hast du es hinter dir.« Anscheinend hatte dieser Mann sich das zu Herzen genommen.

Oswald Chambers, Autor des Dauerbestsellers *Mein Äußerstes für sein Höchstes,* wurde oft wegen seines Humors kritisiert. Nachdem er Chambers zum ersten Mal begegnet war, sagte ein ziemlich ernster junger Mann, der nicht oft lächelte: »Ich war schockiert über seine, wie ich damals meinte, unangemessene Leichtfertigkeit. Er war der respektloseste Pastor, der mir je begegnet war.«

Als er bei einer Familie in London zu Besuch war, blieb Chambers abends mit den Kindern allein zu Hause, damit die Eltern zu einem Sonntagabend-Gottesdienst gehen konnten. Das Ehepaar war sich sicher, dass sie ihre Kinder getrost in der Obhut dieses Dieners Gottes lassen konnten, der als Prediger durchs ganze Land reiste. Als sie später am Abend nach Hause kamen, brachten sie ihre Kinder ins Bett. »Hat Pastor Chambers euch ein schönes Lied oder einen Bibelvers beigebracht?«, fragte die Mutter.

»Oh ja«, antworteten die Kinder. »Wir sagen es dir auf.« Und das taten sie – einstimmig.

Klein-Willie trug schicke Kleider.
Fiel ins Feuer, verbrannte leider.
Später wurde das Feuer kleiner,
aber Klein-Willie, den drehte keiner.

Man konnte Chambers am anderen Ende des Flures lachen hören.

Der Sportler und Prediger Billy Sunday schien mit Chambers einer Meinung zu sein. Er sagte einmal: »Wer keine Freude kennt, dessen Christsein hat irgendwo eine undichte Stelle.« Dem stimme ich voll und ganz zu. Ich glaube an einen heiligen und Ehrfurcht gebietenden Gott, den Schöpfer des Himmels und der Erde, dem einzig und alleine meine Anbetung und mein Lob gehören. Aber ich glaube auch an einen Gott, der den Dackel und das Schnabeltier geschaffen hat. Ich glaube an einen Gott, der lacht.

Christen haben von allen Menschen den meisten Grund zum Lachen. Aber es ist mir fast peinlich zu gestehen, dass manche von uns sonntags morgens mit so finsteren Gesichtern auftauchen, dass die Milch sauer wird. Hier zehn einfache Übungen für Milchversauerer:

1. Kleben Sie einen Euro auf dem Gehweg fest und beobachten Sie, was passiert.
2. Ziehen Sie Grimassen vor Ihrem Toaster.
3. Ziehen Sie Grimassen im Aufzug.
4. Bestellen Sie einen Cheeseburger ohne Käse.
5. Erfinden Sie eine Fremdsprache und fragen Sie nach dem Weg.
6. Gehen Sie eine Treppe rückwärts hinauf.
7. Kommen Sie heute Abend mit Ihrer Hose links herum nach Hause.
8. Machen Sie Popcorn ohne Deckel drauf.
9. Lesen Sie weniger Zeitung und mehr Psalmen.
10. Malen Sie sich einen Strich auf den Körper, um anzuzeigen, bis wohin es Ihnen steht.

Wenn Sie jetzt immer noch die Stirn runzeln (aber auch wenn Sie es nicht tun), denken Sie einmal über folgende drei Wahrheiten nach, die die Freude in Ihr Leben zurückbringen sollten.

1. Gottes Gnade ist größer als unsere größte Sünde.

Einer meiner Autoren-Kollegen und Freunde ist Lee Strobel, der einige hervorragende Bücher geschrieben hat, unter anderem *Der Fall Jesus*. Im Sommer 1974, als ich mich durch die siebte Klasse quälte, war Lee ein ehrgeiziger junger Journalist bei der *Chicago Tribune*. Während ich nach einem hübschen Mädchen in den hinteren Reihen unserer Klasse strebte, strebte Lee nach Ruhm, Vergnügen und Wohlstand. Ich ging leer aus. Lee nicht. Es dauerte nicht lange, und die Welt lag ihm zu Füßen. Er hatte einen Jura-Abschluss der Yale-Universität. Seine preisgekrönten Krimis erschienen auf den Titelseiten. Aber vier Jahre später geriet Lees Welt ins Taumeln.

Grundlage seiner egoistischen Ziele war immer die Überzeugung gewesen, es gebe keinen Gott. Ihm schien der Gedanke an einen liebenden Schöpfer absurd. Aber als seine Frau eines Tages aus dem Gottesdienst nach Hause kam und erklärte, dass sie glaubte, dass Jesus Christus der Sohn Gottes sei, stand Lee wie vom Donner gerührt da. Über die nächsten Monate beobachtete er sie. Er hatte erwartet, dass sie durch den Glauben steif, langweilig und abgestumpft werden würde. Stattdessen verschwand das Lächeln auf ihrem Gesicht nie. Sie war fröhlicher denn je. Da er ihre dramatische Veränderung nicht leugnen konnte, beschloss Lee, den christlichen Glauben mithilfe seiner juristischen und journalistischen Kenntnisse zu zerpflücken. Nach zwei Jahren Studium der Beweise kam er an die Stelle, an der im Laufe der Geschichte schon Millionen von Skeptikern gelandet waren: am Fuß des Kreuzes.

Ich habe kürzlich mit Lee gesprochen und ihn nach einem guten Grund zum Lachen gefragt. Lee erzählte mir, dass er einen Artikel von mir im *Servant* Magazin gelesen hatte, in dem es darum ging, was man einmal auf seinem Grabstein stehen haben wollte. Alfred Hitchcock wollte, dass auf seinem Grabstein stand: »Das machen sie mit bösen, kleinen Jungen.« Jemand anderes wollte als Grabinschrift haben: »Hier liegt ein Atheist, fein angezogen, und weiß nicht wohin.« Aber ich schrieb, auf meinem Grabstein solle einmal stehen: »Gottes Gnade war für ihn zu wunderbar, um sie für sich zu behalten.«

Als Lee das las, hielt er inne. Dann las er den Satz seiner Frau vor. »Das will ich auf meinem Grabstein auch stehen haben«, sagte er zu ihr. Lee sagte: »Es haut mich einfach um, dass Gott jemandem wie mir vergeben hat, der so lange so ein abstoßendes, unmoralisches Leben geführt hat. Ich staune jeden Tag neu darüber, dass Gott mich nicht nur als sein Kind angenommen hat, sondern mich auch noch in eine Arbeit gestellt hat, wo ich Menschen, wie ich früher einer war, erreichen kann. Das ist einfach überwältigend.«

Wir sollten alle von Gottes Gnade überwältigt sein. Ich kenne auf der ganzen Welt keinen besseren Grund zum Feiern als die Tatsache, dass wir nicht bekommen, was wir verdient haben. Wir bekommen etwas viel Besseres. Und das nennt sich Gnade.

2. Auch die dunkelsten Wolken können die Sonne nicht aufhalten.

Ein anderer Autor, dessen Werke ich noch mehr bewundere als die von Lee (entschuldige, Lee), ist der Apostel Paulus. Wenn einer Grund hatte, missmutig zu sein, dann er. Er ließ die Macht, das Geld und den Einfluss einer Karriere als religiöser Führer hinter sich, um Jesus nachzufolgen. Nach menschlichen Maßstäben machte sich das nicht bezahlt. Er bekam fünf Mal 39 Peitschenhiebe. Dreimal bekam er Stockhiebe. Dreimal erlitt er Schiffbruch. Einmal wurde er gesteinigt. Und obwohl er von einem Gefängnis ins nächste wanderte und nichts zu essen hatte, schrieb der Apostel Paulus:

Freut euch Tag für Tag, dass ihr zum Herrn gehört.
Und noch einmal will ich es sagen: Freut euch!
PHILIPPER 4,4

Ist das dein Ernst, Paulus? Wir sollen uns freuen?

»Ja«, würde Paulus dann sagen. »Macht euch keine Sorgen! Ihr dürft Gott um alles bitten. Sagt ihm, was euch fehlt, und dankt ihm! Und Gottes Friede, der all unser Verstehen übersteigt, wird eure Herzen und Gedanken im Glauben an Jesus Christus bewahren« (Philipper 4,6-7).

Moment mal! Wie soll ich mich freuen, wenn alles um mich herum mir Angst macht? Wenn die Zukunft mir Sorgen bereitet? Wenn meine Situation zum Verzweifeln ist?

»Entscheide dich dafür«, würde Paulus sagen. »Entscheide dich ganz bewusst dafür, dich zu freuen. Denn du musst wissen, dass die Freude unsere Situation nicht ignoriert, sondern sie überwindet.« In Vers 8 gibt Paulus einen ganz praktischen Hinweis, wie wir uns freuen können: »Orientiert euch an dem, was wahrhaftig, gut und gerecht, was redlich und liebenswert ist und einen guten Ruf hat, an dem, was auch bei euren Mitmenschen als Tugend gilt und Lob verdient.« Wenn wir Paulus' Rat befolgen, wird das Lächeln wieder auf unserem Gesicht erscheinen, unser Auftreten und unsere Perspektive verändern und uns Freude bringen.

3. Die Blockade auf unserem Weg ist vielleicht die Tür zur Freude.

Eines Tages unterhielten sich zwei Achtjährige nach der Schule. Einer fragte den anderen: »Fändest du es nicht schrecklich, wenn du immer eine Brille tragen müsstest?«

Der andere antwortete: »Nein. Nicht, wenn ich so eine hätte wie Großmutter. Sie kann bei ganz vielen Sachen sehen, wie man sie reparieren kann, und sie sieht ganz viele tolle Dinge, die man machen kann, wenn es regnet, und sie sieht, wenn jemand müde und traurig ist, und was denjenigen dann aufmuntert, und sie sieht immer, was du eigentlich tun wolltest, auch wenn du es nicht ganz hinbekommen hast. Ich habe sie einmal gefragt, wie sie all das sehen kann, und sie hat gesagt, das liegt an der Art, wie sie gelernt hat, die Dinge zu sehen, als sie älter wurde. Also muss es an ihrer Brille liegen.«

Ich liebe die Art, wie meine Großmutter die Dinge sieht. Sie auch? Vielleicht liegt es daran, dass ich ein ewiger Optimist bin. In unserer heutigen Zeit scheint mir das das einzig Sinnvolle zu sein. Ja, ich glaube, dass diese Welt durch die Sünde verflucht ist. Aber ich glaube auch, dass es ein Mittel dagegen gibt. Ich glaube, dass unser Leben kein Spaziergang ist. Aber eines Tages werde ich endgültig am Ziel angekommen sein. Und manchmal muss ich bei dem Gedanken daran lächeln.

Achten Sie einmal auf die scharfsinnigen Worte von Pat Willhoit, auch bekannt unter dem Namen Dr. Isaac, der Clown: »Man kann nicht gleichzeitig lachen und wütend sein. Man kann nicht gleichzeitig lachen und sich Sorgen machen, weil Stress, Sorgen und Lachen nicht nebeneinander existieren können. Lachen ist kalorienarm, koffeinfrei, natriumarm, frei von Konservierungsstoffen oder Zusätzen. Es ist naturrein und passend in allen Größen. Lachen ist wirklich eine Gabe Gottes. Man kann vom Lachen berauscht werden, aber man kann niemals eine Überdosis nehmen. Lachen ist ansteckend; wenn es einmal angefangen hat, ist es kaum noch aufzuhalten. Lachen macht kein schlechtes Gewissen, begeht kein Verbrechen, hat keinen Krieg ausgelöst oder eine Beziehung zerbrechen lassen. Geber und Empfänger teilen sich das Lachen. Es kostet nichts und ist steuerfrei.«

Könnten Sie es heute gebrauchen, einmal richtig zu lachen? Sie kommen vielleicht nicht auf 200, aber die Menschen um Sie herum könnten Ihr Lächeln vertragen. Versuchen Sie es doch einmal mit der Brille Ihrer Großmutter.

22 Wer hat den Frosch in meine Erbsen getan?

Wir sind alle der Ansicht, dass Vergebung etwas
Wunderbares ist — bis wir sie selbst üben müssen.
C.S. LEWIS (1898-1963)

Ich habe Grippe. Ich glaube, sie nennen es die Schweine-grippe. Zu den Symptomen gehören unter anderem Reiz-barkeit, Übelkeit und das untrügliche Gefühl, dass man meinen Humor mit der Straßenwalze platt gebügelt hat. Eigentlich wollte ich diesen Winter gar nicht krank werden. Nein, ich nicht. Ich bin in den besten Jahren. Ich treibe zweimal pro Woche Sport. Ich nehme Vitamine. Aber vor ein paar Tagen sind wir zu einer bestimmten Taco-Bude ge-gangen und haben extra große Portionen bestellt. Nachdem ich Gott für die Tacos gedankt hatte, verdrückte ich gleich zwei Portionen, die außen herum einen Ring hatten von Bohnen, Hackfleisch, Salat, Tomaten, Essiggurken, Bohnen, Senf und — hatte ich Bohnen schon? —, der dicker war als der von Saturn. Sechs Stunden später starrte ich in einen gro-ßen, leeren Eiscreme-Eimer und wünschte mir so sehr, die Tacos wären in Mexiko geblieben.

Ramona war von dem Lärm aufgewacht und kam in die Küche. Es tut so gut, jemanden bei sich zu haben, wenn man leidet. Jemanden, der sich um einen kümmert, der sich förmlich überschlägt vor Güte und Mitgefühl. Jemanden, der es versteht, beruhigend auf einen einzureden. »Mach bitte sauber, wenn du fertig bist«, sagte sie und ging wieder ins Bett.

Am nächsten Morgen standen unsere Kinder ums Sofa herum und starrten auf den Eimer.

»Bist du krank, Papa?«, fragten sie, als wäre ich ein Kriegsveteran, der nur darauf wartet, seine Geschichte zu erzählen.

»Kinder«, sagte ich und rieb mir dabei vorsichtig den Bauch. »Euer Vater liegt auf dem Sterbebett. Jetzt will ich euch noch ein paar letzte Worte mitgeben, bevor ich von euch gehe. Seid lieb zueinander, wenn ich nicht mehr da bin. Geht pünktlich zur Schule. Kümmert euch um eure Mutter. Und vergesst nicht, die Zahnseide zu benutzen.«

Sie grinsten mich bewundernd an.

»Oh, und noch eines: Wenn hier irgendein Typ aufkreuzt, der eure Mutter heiraten will, dann klaut ihm die Autoschlüssel, ja? Steckt ein Stück Schinken in den Auspuff. Kann ich mich auf euch verlassen?«

Ramona kam breit grinsend herein. »Ach, Schatz«, sagte sie, »es tut mir ja so leid, dass es dir schlecht geht. Soll ich dir noch mehr Tacos bringen?«

»Kinder«, fuhr ich fort, »wenn dieser Typ eure Mutter doch heiraten sollte, lasst es unter gar keinen Umständen zu, dass er meinen Eishockeyschläger benutzt.«

»Mach dir keine Sorgen«, sagte Ramona und grinste noch breiter. »Er ist Linkshänder.«

Inzwischen ist es Samstag. Ich liege flach. Die Übelkeit ist verschwunden, aber ich fühle mich immer noch so wohl wie ein Stachelschwein in einer Luftballonfabrik. »Lebensmittelvergiftung«, diagnostizierte jemand. »Du könntest sie verklagen«, schlug jemand anderes vor. Vielleicht hätte ich Chancen. Ich weiß, dass ich nicht der Einzige bin. Auf Seite drei der heutigen Zeitung habe ich von Jackie Silver gelesen, einer Frau aus Sherbrooke in Neuschottland, die ihre Kinder nicht mehr zwingt, Gemüse zu essen, seit sie einen toten Frosch in einer Packung gefrorener Erbsen gefunden hat.

Jackie sprang im Viereck.

Die Kinder hatten die halbe Packung am Vorabend schon gegessen, als sie schließlich die grün gefleckte Kreatur von der Größe einer Dollar-Münze fanden. »Das hat das Abendessen nicht gerade verfeinert«, meinte Jackie zu einem Reporter. »Die meisten der Kinder essen nur Erbsen. Jetzt weiß ich nicht mehr, was ich ihnen noch geben soll. Mir war selbst der Appetit vergangen«, gibt sie zu. »Das Schlimme daran ist, dass dem Frosch die Beine fehlen, und ich weiß nicht, ob sie noch in der Packung sind oder ob wir sie schon gegessen haben. Ich will es auch gar nicht wissen.«

Das ist nicht gerade die Geschichte, die man gerne liest, wenn man einen Taco-Kater hat. Aber sie hat mich doch zum Nachdenken gebracht. Über Frösche und Gerechtigkeit im Leben. Über die Kleinigkeiten, die einem das Abendessen verderben können. Über die großen Dinge, die einem das Leben verderben können.

»Was liest du da, Papa?«, unterbricht Stephen meine Gedanken. Es ist schon eine Stunde her, seit ich ihm die Froschgeschichte vorgelesen habe, und obwohl er seine Hausaufgaben zum Thema »Hinauszögern« machen soll, hat er noch nicht damit angefangen.

»Es ist ein Buch, das *Die Sonnenblume* heißt. Setzt dich hin, dann lese ich es dir vor.«

Ich habe schon die Hälfte gelesen, und bevor ich weiterlese, erzähle ich ihm, was bisher passiert ist. Simon Wiesenthal ist ein jüdischer Häftling in einem KZ der Nazis. Als er gefoltert und schrecklichen Grausamkeiten ausgesetzt wird, fängt Simon an zu glauben, dass Gott Urlaub macht. Gott muss weg sein. Und er hat keinen Stellvertreter.

Eines Tages, als die Juden wie eine Herde Vieh eine Straße in Lemberg, in Polen, entlanggetrieben werden, bemerkt Simon einen Militärfriedhof. Auf jedem Grab ist eine Sonnenblume gepflanzt. Sie steht so gerade wie ein Soldat bei einer Parade. Simon starrt gebannt darauf. Die Blumen scheinen die Sonnenstrahlen aufzusaugen und in die dunklen Gräber weiterzugeben. Schmetterlinge flattern von Blume zu Blume. Oh, wie er die toten Soldaten beneidet. Er wird in einem Massengrab verscharrt werden, wie so viele seiner Freunde und Verwandten. Über seinem Grab werden keine Schmetterlinge tanzen. Keine Sonnenblume wird Licht in seine Dunkelheit bringen.

Plötzlich kommt eine korpulente Rotkreuzschwester auf ihn zu. »Sind Sie Jude?«, fragt sie. Die Antwort ist offensichtlich. Sie weist ihn an, ihr zu folgen, und führt ihn zur Oberschule in Lemberg, wo er einst zur Schule gegangen war. Die Schulbücher sind mittlerweile verschwunden. Soldaten humpeln auf Krücken an ihm vorbei. Verletzte werden auf Tragen hereingebracht. Schließlich nimmt die Schwester Simon am Arm und schiebt ihn durch die Tür, hinter der früher das Büro des Schulleiters war.

Der Schreibtisch ist weg. Die Regale, in denen früher die Arbeiten der Schüler gelegen hatten, sind verschwunden. Im Raum steht nur ein Bett mit einer menschlichen Gestalt, die von Kopf bis Fuß verbunden ist. »Bitte kommen Sie näher«, sagt die Gestalt, »ich kann nicht laut sprechen.« Zögernd setzt sich Simon auf die Bettkante. »Ich werde sterben«, sagt der Mann. »Es gibt niemanden auf der Welt, der mir helfen kann, und niemand wird um mich trauern. Ich bin 22.«

Weil ihn seine grausamen Taten quälen, fängt dieses Mitglied der SS an, seine Geschichte zu erzählen. Er erzählt, wie er vom jungen Idealisten zum Mörder wurde. Von den unsagbar grausamen Dingen, die der den Juden angetan hat. Simon hört zu und kann dabei seinen Blick nicht von den Verbänden des Mannes abwenden. Er ist wie gefesselt.

Als der junge Mann fertig erzählt hat, dämmert es Simon. Jetzt weiß er, warum er hierherkommen sollte.

»Ich kann nicht sterben, wenn ich nicht vorher von meiner Schuld rein werden kann«, sagt der Nazi mit immer schwächer werdender Stimme. »In den langen Nächten, in denen ich auf den Tod gewartet habe, habe ich mir immer und immer wieder gewünscht, ich könnte mit einem Juden sprechen und ihn um Vergebung anflehen. Aber ich wusste nicht, ob es überhaupt noch Juden gab ... Ich weiß, dass meine Bitte schon fast zu viel verlangt ist von Ihnen, aber ohne Ihre Antwort kann ich nicht in Frieden sterben.«

Ohne ein Wort zu sagen, steht Simon auf und geht zur Tür hinaus.

Als ich zu Ende gelesen habe, schaut Stephen mich mit großen Augen an. »Was würdest du tun, Stephen?«

Er legt die Stirn in Falten und schweigt. Schließlich meint er: »Ich weiß nicht ... ich weiß nicht.«

Aus dem Staub des Zweiten Weltkrieges kommt noch eine andere Geschichte, und ich beschließe, sie meinem Sohn zu erzählen.

Es ist die Geschichte von Corrie ten Boom. Sie wurde verhaftet, weil sie in Ihrem Haus Juden versteckt hatte, und kam ins Konzentrationslager Ravensbrück, wo auch sie unsagbare Grausamkeit erlebte. Ihre Schwester, Betsie, starb dort.

Ihr wurde alles genommen, was ihr etwas bedeutete. Alles, außer ihrem Glauben an Gott.

Zwei Jahre nach Kriegsende kam Corrie mit einer einfachen, aber wirkungsvollen Botschaft nach Deutschland zurück: Gott vergibt.

Eines Abends hatte Corrie gerade einen Vortrag in einer Gemeinde beendet, als sie sah, wie ein Mann mit einem grauen Mantel sich seinen Weg zu ihr nach vorne bahnte. »Im einen Moment sah ich den grauen Mantel«, sagte sie später, »und im nächsten eine blaue Uniform mit Schirmmütze und Totenkopf.«

Als der ehemalige Wachmann mit ausgestreckter Hand vor ihr stand, stiegen schmerzhafte Erinnerungen in ihr auf: ein unfreundlich beleuchteter Raum. Ein armseliges Häufchen Kleidungsstücke am Boden. Die Scham, nackt an diesem Mann vorbeilaufen zu müssen.

»Das war ein guter Vortrag, Fräulein«, sagte er. »Es ist so gut zu wissen, dass alle unsere Sünden, wie Sie gesagt haben, auf dem tiefsten Meeresgrund versenkt sind. Und Gott hat ein Schild aufgestellt: ›Angeln verboten!‹«

Corrie fummelte in ihrer Tasche herum. Sie erinnerte sich an sein Gesicht und an die Lederpeitsche, die an seinem Gürtel gehangen hatte.

»In Ihrem Vortrag erwähnten Sie Ravensbrück«, fuhr er fort. »Ich war dort Aufseher gewesen. Aber später bin ich Christ geworden. Ich weiß, dass Gott mir die grausamen Dinge vergeben hat, die ich dort getan habe, aber ich würde es gerne auch aus Ihrem Mund hören. Fräulein … können Sie mir vergeben?«

Corrie stand regungslos da, während sie mit der schwierigsten Entscheidung rang, die sie jemals treffen musste. Ihre Schwester Betsie war in Ravensbrück gestorben. Konnte dieser Mann ihren langsamen, qualvollen Tod einfach ungeschehen machen? Dann kam ihr ein Gedanke: *Jesus Christus persönlich ist für diesen Mann gestorben. Kann ich noch mehr verlangen?*

»Herr Jesus«, betete sie, »vergib mir und hilf mir, zu vergeben.«

Sie kämpfte immer noch mit sich, als sie seine Hand nahm. Und dann geschah etwas Unglaubliches. »Ich spürte einen Strom«, schrieb sie später, »der von meiner Schulter durch meinen Arm und meine Hand von mir zu ihm floss, und gleichzeitig verspürte ich in meinem Herzen plötzlich eine überwältigende Liebe für diesen wildfremden Mann. Und so entdeckte ich, dass Jesus uns nicht nur sagt, wir sollen unsere Feinde lieben, sondern uns die Liebe dazu auch noch schenkt.«

Als ich die Geschichte zu Ende erzählt habe, steht Stephen auf und geht. Er hat es nicht gemerkt, aber die Falten auf seiner Stirn sind verschwunden.

Während ich mit Lebensmittelvergiftung flachlag, habe ich viel über Gnade nachgedacht. (Und ich habe beschlossen, niemanden anzuzeigen.) Ich habe kein Recht, Simon Wiesenthals Situation oder seine Reaktion zu beurteilen. Ich bin noch nie wie ein Stück Vieh die Straße entlanggetrieben worden und habe auch nicht die Grausamkeiten erlebt, die er erlebt hat – Grausamkeiten, die hoffentlich niemals wieder vorkommen werden. Aber eines weiß ich: Auch mir wurde, wie Corrie, geschenkt, was ich nicht verdient habe: unglaubliche Gnade. Und wenn ich anfange zu verstehen, wie viel mir vergeben wurde, dann kann ich nicht anders als anderen zu vergeben.

Sie meinen, ich soll meinem Vater vergeben? Nach allem, was er mir angetan hat? **Ja.**

Sie meinen, ich soll den Verrat meines Freundes vergeben? Und dass mich mein Ehepartner verlassen hat? **Ja.**

Sie meinen, ich soll mir selbst vergeben? Ich soll Gott vergeben? **Ja.**

Wegen der großartigsten Geschichte, die es je gegeben hat.

Vor 2000 Jahren hing ein Mann zwischen Zeit und Ewigkeit, zwischen Himmel und Hölle, an ein römisches Kreuz genagelt. Ihm stand alle Macht der Welt zur Verfügung. Er hätte Feuer und Schwefel auf seine Henker regnen lassen können. Aber er hat es nicht getan. Stattdessen sagte Jesus diese unglaublichen Worte: »Vater, vergib ihnen, denn sie wissen nicht, was sie tun.«

Und das sollen auch seine Nachfolger tun.

Wenn sie verdorbene Tacos gegessen haben.

Wenn Frösche im Essen schwimmen.

Wenn alles in uns schreit: »Halt die Klappe, und mach dich vom Acker!«

Der, dem vergeben wurde, muss anderen vergeben. Diejenigen, die Gnade wollen, müssen sie anderen gewähren.

Ich habe Ihnen die Geschichte von meinem Sterbebett erzählt. Gestatten Sie mir, Ihnen noch eine zu erzählen.

Vor vielen Jahren lag der alte puritanische Gläubige Thomas Hooker im Sterben. Einige Freunde saßen an seinem Bett.

»Bruder«, sagte einer von ihnen, »du wirst deine Belohnung empfangen.«

»Nein, nein!«, hauchte Thomas. »Ich werde Gnade empfangen!«

Eines Tages werden wir das auch. Ich glaube, wir sollten schon einmal dafür üben, indem wir sie an andere weitergeben. Jetzt und hier.

23 Der Brief in der Brotdose

Wer von Gottes Gnade getragen wird,
reist mit leichtem Gepäck.
THOMAS A. KEMPIS (ETWA 1380-1471)

Mitten in einer Zeit des Umbruchs beschlossen wir, ein Haus zu bauen. Man riet uns, das nicht zu tun. »Das wird das Ende eurer Ehe sein«, warnten uns manche. »Das wird das Ende eures Bankkontos sein«, andere. Bisher ist keine dieser düsteren Vorhersagen eingetroffen. Aber wir sind eine EDV-Familie (**E**in Gehalt, **D**rei Kinder, **V**iele Schulden). Da ich schon immer etwas schreiben wollte, was ewig Bestand hat, unterschrieb ich den Kreditvertrag. Sie müssen jetzt kein Mitleid mit uns haben. Wir konnten unsere Raten immer rechtzeitig zahlen, weil wir die Kinder mit der Sammelbüchse von Tür zu Tür geschickt haben. Unsere Ehe ist besser denn je, dank meiner AKDOKEP-Strategie. Ich antworte auf alles, was meine Frau sagt, mit: »Aber klar doch. Kein Problem.« Das wirkt Wunder.

Um genau zu sein, ist einer der Gründe, weshalb sowohl unsere Ehe als auch unser Bankkonto noch funktionieren, der, dass Ramona nie nach den Sternen gegriffen hat – oder, um es im Jargon der Hausbauer zu sagen, keine goldenen Wasserhähne verlangt hat. Im Gegenteil, es war wohl eher ich, der sagte: »Schatz, können wir nicht eine Marmortreppe einbauen?« Dann hat sie geantwortet: »Phil, hast du in letzter Zeit mal auf unser Konto geschaut? Ich kann nicht mal mehr einen Marmor*kuchen* backen.«

Eines der kleinen Zugeständnisse, die sie mir machte, war eine Glastür für die Vorratskammer. Das, so argumentierte ich, würde nicht nur den Bankdirektor beeindrucken, wenn er kam, um das Haus zurückzufordern, sondern unsere Kinder könnten sich auch nicht mehr dahinter verstecken und uns spät abends zu Tode erschrecken.

Ich war sehr dankbar für diese Glastür.

Bis letzte Woche.

Letzte Woche war ich bei einer Autogrammstunde in einer nahegelegenen Stadt. Es ist immer eine Ehre, zu so einer Veranstaltung zu gehen. Mit einem silbernen Stift in der Hand und einem freundlichen Lächeln auf den Lippen sitzt man hinter einem fantasievoll dekorierten Tisch, auf dem Stapel von den eigenen Büchern liegen, während die Fans bewundernd vor einem stehen und Dinge fragen wie: »Äh … entschuldigen Sie. Wo geht es hier zur Toilette?«

Eine Stunde nach Beginn der Veranstaltung versicherte mir die Veranstalterin, dass die Autogrammstunde ihre Erwartungen bei Weitem übertroffen habe. Der letzte Autor – John Vaughn mit *What Men Know For Sure About Women* (Was Männer ganz sicher über Frauen wissen) – hatte nur ein Buch verkauft, was zum Teil daran lag, dass das Buch nur leere Seiten hatte. Als ich daheim zur Haustür hereinkam, fühlte ich mich recht erfolgreich. Und dann sah ich Ramona, die mit sehr angespanntem Gesichtsausdruck in der Küche stand, als wäre sie von Zahnschmerzen geplagt.

»Was ist passiert?«, fragte ich, als ich meine auf Hochglanz polierten Schuhe abstreifte.

»Möchtest du irgendetwas, mein Schatz?«, sagte sie. »Soll

ich dir eine heiße Schokolade machen? Oder möchtest du ein Stück Quarkkuchen?«

Ich lehnte mich an die Theke und holte tief Luft. »Okay«, sagte ich, »ich bin bereit. Rück raus.«

»Ich wollte das nicht«, sagte sie kleinlaut.

»Was wolltest du nicht?«

»Setz dich doch hin, Phil. Ich hol dir ein paar extra starke Schmerztabletten.«

»Was ist passiert?«

»Es war ein Versehen.«

»Was war ein Versehen?«

»Die Tür zur Speisekammer.«

Hin und wieder kann ich mich immer noch extrem schnell bewegen. Jetzt war so ein Moment. Innerhalb von Bruchteilen einer Sekunde stand ich vor der Speisekammer. Als ich sie heute Morgen zugemacht hatte, war mir wieder aufgefallen, wie schön sie war. Heute Abend hatte die Scheibe in der Mitte ein Loch von der Größe der Schuhe meines Sohnes.

»Was ist passiert?«, fragte ich mit weit aufgerissenen Augen und Sorgenfalten auf der Stirn.

»Nun ... er hat mit seinem Bruder zusammen abgespült und ist wütend geworden. Wahrscheinlich hat er irgendeinen Karatetrick ausprobiert, den er im Fernsehen gesehen hat. Sei nicht zu hart mit ihm, Phil. Er war selbst ganz erschrocken. Er war die ganze Zeit unruhig und hatte Angst. Er ist erst vor ein paar Minuten eingeschlafen. Du hättest sein Gebet hören sollen: ›Lieber Gott, bitte mach, dass Papa mich nicht umbringt.‹«

Ich saß am Küchentisch, starrte zum Fenster hinaus und dachte über die Ereignisse der letzten 24 Stunden nach. Am Morgen hatte ich gerade an meinem Computer gesessen, als das Telefon klingelte. Ein Freund rief an, um mir zu sagen, dass ein gemeinsamer Bekannter in der Nacht an einem Hirnaneurysma gestorben war. Er war so alt wie ich gewesen. Er hinterlässt eine wunderbare Frau und eine Tochter.

»Oh Gott«, betete ich, »ich weiß nicht, was an so einem Tag auf mich zukommt. Ich weiß nicht, wie lange ich noch hier sein werde. Aber danke, dass du mich daran erinnerst, die Dinge zu klären mit den Menschen, die mir wichtig sind.«

Weil ich wusste, dass ich meinen Sohn nicht mehr sehen würde, bevor ich am nächsten Tag zur Arbeit ging, riss ich ein Blatt aus einem seiner Notizblöcke und schrieb ihm folgenden Brief:

Mein lieber Sohn,

du dachtest also, ich würde dich umbringen, was? Nun, du hast recht. Wir treffen uns nach der Schule hinter dem Holzschuppen. Bring Pfeil und Bogen und einen Apfel mit. Das ist natürlich nur Spaß. Und ich hoffe, du lächelst jetzt. Ich möchte, dass du drei Dinge nicht vergisst, wenn du mal wieder etwas kaputt machst.

Die Tür ist jetzt kaputt. Ganz gleich, wie viel ich dich anschreie, sie wird nicht wieder ganz. Aber unser Verhalten kommt uns manchmal teuer zu stehen, und die Tür muss repariert werden. Deshalb musst du mir dabei ganz viel helfen. Ich habe einige Aufgaben für dich im Garten. Dein Sparschwein wird dadurch erleichtert, aber dein Gewissen auch. Du hast wohl deine Lektion in Sachen Wut schon gelernt.

Ich werde dich immer lieben. Ich kann mir nichts vorstellen, was du kaputt machen könntest, sodass ich dich nicht mehr liebe. Außer vielleicht die Tür zur Speisekammer! War wieder nur ein Scherz. Aber vergiss nicht, dass du deinen Führerschein jetzt erst mit 29 machen darfst!

Ein Haus ist nicht so wichtig wie ein Zuhause. In 100 Jah-

ren wird es niemanden mehr interessieren, wie unsere Tür zur Speisekammer ausgesehen hat, oder welche Farbe unser Auto hatte, oder wie dick mein Geldbeutel war. Aber ich bete jeden Tag dafür, dass wir im Himmel zusammen sein, über Augenblicke wie diesen lachen und uns an Gottes Gnade freuen werden.
Ich liebe dich.
Dein Papa.

P.S.: Ich bin froh, dass deinem Fuß nichts passiert ist.

Ich ging unsere Treppe aus Sperrholz hinunter und betete für meine schlafenden Kinder, wie ich es fast jeden Abend tue. »Der Herr segne euch und behüte euch. Der Herr lasse sein Angesicht leuchten über euch und sei euch gnädig. Der Herr erhebe sein Angesicht auf euch gebe euch Frieden. Amen.«

Ich hatte den Brief auf die Brotdose meines Sohnes gelegt.

Dann ging ich ins Bett.

Ich, der Vater einer EDV-Familie.

Mit einem Lächeln auf dem Gesicht.

24 Tor zur Freude

Auf den Berggipfeln finden Leiter Inspiration,
aber in den Tälern reifen sie.
F. PHILIP EVERSON

Eines meiner größten Vorrechte während der letzten 17 Jahre als Herausgeber einer Zeitschrift war es, bekannte Christen zu interviewen. Nach über 100 Interviews gibt es ein paar ganz besondere Höhepunkte. Zum Beispiel neben Joni Eareckson Tada zu sitzen, die an den Rollstuhl gefesselt ist, deren Augen aber immer noch verschmitzt lachen. Oder mich mit Tony Campolo zu unterhalten, der so beschäftigt ist, dass er froh ist, keine Zeit mit Haarekämmen verbringen zu müssen.

Tony hält etwa 400 Vorträge pro Jahr, und er hatte gerade mit dem Weißen Haus telefoniert. Mir war also sehr wohl bewusst, dass ich mich kurz fassen musste. Um sicher zu gehen, dass ich ihn richtig zitierte, ließ ich einen Kassettenrekorder mitlaufen. Tony und ich waren nicht in allem einer Meinung, aber es war ein belebendes Interview. Nach etwa 45 Minuten sah ich auf den Rekorder und stellte zu meinem großen Entsetzen fest, dass ich auf Wiedergabe statt auf Aufnahme gedrückt hatte.

Nervös gestand ich ihm meinen Fehler.

»Das macht nichts«, beruhigte Tony mich. »Ich habe auch einmal etwas vergessen. Aber ich weiß nicht mehr, was es war. Machen wir es noch einmal … aber diesmal besser.«

Jetzt möchte ich Ihnen einige andere gnädige »Berühmt-heiten« vorstellen. Als ich mich durch schwere Zeiten kämpfte, fing ich an, diese Menschen nach ihren eigenen Erfahrungen mit »Stinktieren« zu fragen, und was ihnen in ihren schwersten Zeiten am wertvollsten war. Ich glaube, ihre Geschichten sind für Sie genauso faszinierend und hilf-reich wie für mich.

Larry Crabb: Gott finden

Larry Crabb, Seelsorger und Autor von über einem Dutzend Bücher, erzählte mir von einem Ereignis, das sein Leben dra-matisch verändert hat.

»Letzten März saß ich gerade im Gottesdienst, als ich spürte, wie mir jemand auf die Schulter tippte. ›Sie werden dringend am Telefon verlangt. Ein Notfall‹, flüsterte mir einer der Gemeindeältesten zu.

Es war mein Vater. ›Bill [mein älterer Bruder] hatte einen Unfall‹, sagte er. ›Phoebe hat gerade vom Flughafen aus an-gerufen. Wir wissen nicht, wie schlimm es ist, aber sie wirkte ziemlich erschüttert. Kannst du hinfahren?‹

Als wir am Denver Springs Flughafen ankamen, waren überall Menschen. Ich fragte einen uniformierten Flugha-fenmitarbeiter, was passiert sei. ›Flug 585 ist abgestürzt‹, sagte er. ›Es gibt keine Überlebenden.‹

In den nächsten zwei Wochen habe ich mehr geweint als je zuvor. Eines Nachts rief ich zu Gott: ›Herr, ich weiß, dass ich in dieser unbeständigen Welt, in der man nie weiß, wann ein Flugzeug abstürzt oder ein Befund positiv ist oder ein Ehemann oder eine Ehefrau geht oder ein Kind sich das Leben nimmt, nur dich habe. Aber ich kenne dich nicht gut genug, damit du auch alles bist, was ich brauche. Ich muss dich noch viel besser kennenlernen, als ich dich bisher gekannt habe.‹

Seither ist mir klar geworden, dass es etwas gibt, das viel wichtiger ist als das Heilen unserer Wunden. Wir müssen Gott finden.«

Gracia Burnham: Der letzte Abschied

2001 wurde das Missionarsehepaar Martin und Gracia Burnham von Mitgliedern der Terrororganisation Abu Sayyaf entführt. Was ein netter Ausflug zum Hochzeitstag werden sollte, entwickelte sich zum schlimmsten Albtraum, den man sich nur vorstellen kann. Die Burnhams wurden über ein Jahr gefangen gehalten und mussten mit ihren Entführern ein Leben auf der Flucht durch den philippinischen Dschungel führen. Martin wurde bei einem Befreiungsversuch getötet, aber Gracia überlebte und konnte ihre Geschichte erzählen. Wenige Monate nach dem Tod ihres Mannes hatte Gracia mir erzählt, dass die Handschellen ihres Mannes dort im Dschungel durchgerostet waren, aber er hatte sich entschieden zu bleiben, um ihr zu helfen.

»Jedes Mal, wenn die philippinische Armee näherkam und Schüsse fielen, sagten wir einander Lebewohl«, erinnerte sich Gracia. Am Abend ihres letzten Abschieds sagte Martin: »Gracia, ich weiß nicht, warum Gott das zugelassen hat, aber heute musste ich über Psalm 100 nachdenken. Nur weil wir hier sind, heißt das nicht, dass wir ihm nicht freudig dienen können.« Sie beteten gemeinsam, und dann fielen Schüsse. »Ich rutschte einen steilen Hang hinunter und blieb neben Martin liegen. Er blutete aus der Brust und sah aus, als sei er ohnmächtig. Ich stellte mich tot. Die Schießerei hörte auf, und die philippinischen Soldaten trugen mich den Hang hinauf. Ich drehte mich nach Martin um, und er war ganz weiß. Da wusste ich, dass er tot war. In Apostelge-schichte 7 starb Stefanus als Märtyrer und betete: ›Herr, rechne ihnen ihre Sünde nicht an.‹ Ich habe meinen Ent-führern vergeben. Das ist das Mindeste, was ich tun kann. Ich habe ein Bild von einem von ihnen am Kühlschrank hängen. Ich bete für ihn. Ich weiß, wenn Gottes Gnade nicht wäre, könnte ich das sein.«

Ich fragte Gracia, wie sie es schaffte, nicht bitter zu wer-den. »Das ist eine Frage der Perspektive«, meinte sie. »Wenn man erwartet, dass die Welt vollkommen ist und einen gut behandelt, und dann passieren schlimme Dinge, dann hat man einen Grund, Gott die Schuld zu geben. Aber Gott war jeden Tag gut zu uns, dort im Dschungel. In Nordamerika haben wir jeden Tag viele gute Dinge und merken es nicht einmal. Wenn wir Durst haben, trinken wir etwas. Wenn wir Hunger haben, gehen wir zum Kühlschrank. Wenn man im Dschungel etwas zu trinken braucht, bittet man Gott um Wasser. Ich erinnere mich noch daran, wie ich Gott um et-was zu trinken anflehte. Als ich es bekam, war ich so dank-bar. An Thanksgiving tauchte plötzlich ein Paket auf. Es war randvoll mit Kräckern, Erdnussbutter, Deo, Seife und Duft-säckchen. Wir wussten nicht einmal, dass es Thanksgiving war. Gott war jeden Tag so gut zu uns. Ich habe bei all dem nicht den Verstand verloren. Das ist Gottes Güte. Es gab Tage, an denen ich mich fragte, ob ich durchdrehen würde, dann sagte Martin: ›Gracia, was nützt es, wenn du zu deinen Kindern nach Hause kommst und den Verstand verloren hast? Gott wird sich um deinen Verstand kümmern. Lass uns ihm vertrauen, dass er uns durch diesen Tag trägt. Wenn wir ihm nicht den ganzen Tag vertrauen können, dann lass uns ihm wenigstens die nächste Stunde vertrauen, oder bis wir uns wieder setzen können.‹«

Als ich Gracia fragte, wie sie sich Martin im Himmel vorstelle, antwortete sie: »Ich habe den Kindern immer erzählt: Ich kann mir vorstellen, wie euer Vater Gott am Ärmel zupft und sagt: ›Gracia braucht ein Auto. Sie braucht dies und das.‹ Aber dann habe ich gedacht: *Warum sollte der allmächtige Gott, der uns kennt und uns liebt und für uns gestorben ist, es nötig haben, dass ein Mensch ihn daran erinnert, was wir brauchen?* Und dann habe ich mir vorgestellt, wie Gott Martin am Ärmel zupft und sagt: ›Martin, schau mal, was ich jetzt für Gracia und deine Familie tun werde.‹«

Gloria Gaither: Weil er lebt

Als ich in der siebten Klasse war, erlebte ich Gloria Gaither zum ersten Mal auf einem Konzert. Sie hatte zusammen mit ihrem Mann, Bill, schon einige der beliebtesten Lieder des letzten Jahrhunderts geschrieben. Gloria erzählte gerne Geschichten von ihren Kindern. Ich saß mit meinen 13 Jahren da, kämpfte mit den Tränen und hoffte inständig, dass keiner von meinen Klassenkameraden mich jetzt sah. Letztes Jahr hat Gloria mir die Geschichte erzählt, die hinter einem meiner Lieblingslieder steckt.

»Unsere Familie hat eine sehr schwere Zeit durchgemacht. Bill hatte Pfeiffersches Drüsenfieber. Seine Schwester ließ sich gerade scheiden, und ich war unerwartet schwanger geworden. Der Vietnamkrieg war damals in vollem Gang, und eine desillusionierte Generation junger Menschen erstickte ihre Fragen mit Drogen. Der Rassismus drohte unser Land zu zerreißen. Bill und ich dachten beide: *Welcher Mensch, der noch bei Verstand ist, würde jetzt ein Kind bekommen wollen? Was wird in 15 Jahren auf dieses Kind zukommen?*

Jemand, der uns sehr nahestand, kam eines Tages in unser Haus gestürmt und schrie Bill an: ›Du bist doch nur ein Heuchler! Du würdest an diesen ganzen Jesuskram überhaupt nicht glauben, wenn du damit nicht deinen Lebensunterhalt verdienen würdest!‹ Bill war am Boden zerstört. Aber in jenem Sommer, als Benjamin zur Welt kam, ein wunderschöner, kleiner Junge, bestätigte Gott etwas, das sich in unserem Innern immer mehr gefestigt hatte: Nicht weil die Welt so sicher wäre, haben wir den Mut, unser Leben anzupacken, eine Ehe zu wagen oder Kinder zu bekommen. Die Welt ist niemals sicher gewesen. Wir vertrauen und wagen das Leben, weil die Auferstehung Jesu Wirklichkeit ist. Dieses Prinzip spiegelt sich überall in unserer Welt wieder: Das Leben siegt. Ganz gleich, was passiert, das Leben siegt!

Und so setzten wir uns hin und fingen an, das, was Gott uns gelehrt hatte, in Worte zu fassen.

Als wir Benjamin aus dem Krankenhaus nach Hause brachten, hatten wir die Frage, was auf ihn zukommen würde, wenn er heranwuchs, nicht beantwortet, aber wir schrieben:

Wie schön, unser Neugeborenes zu halten
und stolz und froh zu sein, weil es nun da ist.
Doch besser noch ist die stille Zuversicht,
dass dieses Kind sich der ungewissen Zukunft stellen kann,
weil Jesus lebt.[3]

Als Benjamin als Jugendlicher eine turbulente Zeit durchmachte, sagten wir ihm oft: ›Gib nicht auf. Wir schaffen das schon. Das Lied, das bei den Leuten so beliebt ist, haben wir für dich geschrieben. Es ist Gottes Verheißung an dich. Er wird dich zu einem Mann nach seinem Herzen machen.‹

Seither hat unsere Familie in Zeiten, als unsere Kinder heranwuchsen, unser Berufsleben sich veränderte, unser

---

3 Gloria Gaither: *Singt dem Herrn. Die Geschichten hinter unseren Liedern.* Gerth Medien GmbH, Aßlar 2009, S. 21-22.

Blatt sich wendete oder die Richtung unseres Lebens nicht zu erkennen war, oft Trost gefunden in ›unserem Lied‹. Es war eine große Freude und auch irgendwie überraschend, dass dieses Lied, das uns persönlich so viel bedeutet, in fast jede Sprache der Welt übersetzt worden ist.«

Jim Bakker: Im Gefängnis, weil er mich liebt

Als ich mich das erste Mal mit Jim Bakker, dem früheren Leiter des Fernsehprogramms PTL, des christlichen Themenparks Heritage USA und des Inspirational Networks, unterhielt, war ich extrem skeptisch. Ich habe einige nicht gläubige Freunde, für die Bakkers in der Öffentlichkeit viel diskutierte moralische Fehltritte ein weiteres Argument waren, den Glauben abzulehnen. Deshalb war ich fest überzeugt, dass ich dieses Interview nicht machen würde. Aber seine Einstellung überwältigte mich. Er war ein gebrochener, demütiger und sanfter Mann. Als ich ihn fragte, warum Gott es wohl zugelassen hatte, dass jemand wie er zerbrach, ins Gefängnis kam und pleite ging, gab er mir eine sehr überraschende Antwort.

»Gott hat es zugelassen, dass ich ins Gefängnis kam, weil er mich liebt. Diejenigen, die er liebt, züchtigt er. Die Bibel sagt, dass Glaubensprüfungen kostbarer sind als Gold. Ich habe den Menschen immer erzählt, dass ihre Probleme daher kämen, dass sie irgendwo Sünde in ihrem Leben hätten. Ich habe sie gelehrt, wie man es vermeidet, ›zu Gold zu werden‹. Gott hat mich aus Gnade ins Gefängnis geführt. Im Gefängnis hat mich ein junger Bankräuber gefragt: ›Warum hasst Gott mich?‹ Als ich ihm von Gottes Liebe erzählte, überzeugte ihn das nicht. Aber einige Monate später sagte er zu mir: ›Sie hatten recht. Ich wäre jetzt tot, wenn Gott nicht in mein Leben eingegriffen hätte.‹

Wenn ich so weitergemacht hätte, wäre ich in der Psychiatrie gelandet oder hätte zumindest einen totalen Burn-out gehabt. Um nichts in der Welt will ich wieder so leben wie früher. Gott hat die Tatsache, dass ich PTL verloren habe, dazu benutzt, mich zu zerbrechen, zur Buße zu führen und mich ihm ganz hinzugeben. Es hat wehgetan. Und meine Familie und ich haben vieles unwiederbringlich verloren. Aber im Blick auf die Ewigkeit war es das alles wert.«

Dave Dravecky: Durch Verlust gewinnen

Der ehemalige Baseball Pitcher der San Fransisco Giants, Dave Dravecky, erlebte nach einer Krebsoperation ein unglaubliches Comeback, verlor aber dann seinen Wurfarm. Er scheint dem zuzustimmen. »Ich habe während dieser schlimmen Zeit viel gelernt«, erzählte mir Dave. »Ich habe gelernt, wie wertvoll meine Frau und meine Kinder sind. Ich habe gelernt, wie wichtig es ist, anderen Menschen zu dienen. Und das Wichtigste ist vielleicht, dass ich gelernt habe, mein Leben in Gottes Hände zu legen. Am schlimmsten war die Ungewissheit. Ich musste lernen, das Nächstliegende zu tun, einen Tag nach dem anderen anzugehen und den Rest Gott zu überlassen. Diese Lektionen lernt man, wenn man auf Widerstand trifft. Ich glaube nicht, dass ich das auch auf andere Art hätte lernen können.«

Twila Paris: Prüfungen annehmen

Viele Christen singen Twilas Lieder »He is exalted« und »We will glorify«, aber die wenigsten wissen, dass Twilas Mann, Jack, vom Epstein-Barr-Virus befallen ist und selbst die einfachsten Tätigkeiten nicht mehr ausführen kann. Twila erzählt: »Als Jack so krank wurde, dass er nicht mehr mit mir auf Tournee gehen konnte, habe ich mich sehr einsam gefühlt. Es gab düstere Zeiten, in denen ich absolut nicht auf die Bühne gehen und singen wollte. Aber dadurch war ich gezwungen, auf eine Art und Weise zu wachsen, die ich mir nicht ausgesucht hatte. Langsam komme ich an den Punkt, an dem ich sagen kann: ›Ich hätte mir das nicht ausgesucht, aber du hast das Sagen, Gott. Du hast die Macht. Und wenn diese Prüfung niemals aufhört, werde ich dich trotzdem lieben, mich dir unterordnen, akzeptieren, was du für mich bereithältst und daraus lernen.‹

Wir Nordamerikaner wollen oft nicht leiden. Wir sind nicht bereit, das hinzunehmen! Aber die Bibel lehrt uns, dass Leiden ein wesentlicher Bestandteil des Wachstums im Glauben ist und dass Leiden wunderbare Frucht bringt, wenn wir Gottes Willen für uns annehmen. Jesus selbst musste unvorstellbar leiden, um das Versöhnungsopfer für unsere Sünden zu bringen.«

Elisabeth Elliot: Die Gnade, alt zu sein

Elisabeth Elliot, deren Mann Jim Elliot (berühmt für den Satz: »Der ist kein Narr, der aufgibt, was er nicht behalten kann, um zu erhalten, was er nicht verlieren kann.«) als Missionar von Auca Indianern in Südamerika getötet wurde, lacht gerne einmal richtig. Im Verlauf unseres Interviews erwähnte sie auch das Älterwerden. Ich erzählte ihr von den drei älteren Damen, die gemeinsam vor Gericht standen. Sie beschuldigten sich gegenseitig, Schuld zu haben an den Problemen, die sie in dem Mietshausblock hatten, in dem sie lebten. Der Richter entschied mit salomonischer Weisheit: »Na schön, meine Damen, die Älteste darf ihren Fall zuerst vortragen.« Das Verfahren wurde aus Mangel an Beweisen eingestellt. Elisabeth Elliot lachte und erzählte mir ein wenig von den Freuden und Problemen des Älterwerdens.

»George MacDonald sagte einmal: ›Wenn du wüsstest, was Gott über den Tod weiß, dann würdest du in deine müden Hände klatschen.‹ Stattdessen sehe ich nur, wie die alten

Menschen in Amerika auf diesen Jugendkult abfahren. Man sieht alte Frauen in Trainingsanzügen und Sportschuhen, wie sie in die Fitnessstudios gehen, um zu trainieren, sich die Haare färben, das Gesicht liften lassen und den ganzen Kram. Und dann darf natürlich keine Frau ihr Alter verraten. Mir macht es nichts aus, Ihnen zu verraten, dass ich 72 bin. Lieber verrate ich es Ihnen, als dass Sie denken, ich sei 80. Wem wollen wir hier eigentlich etwas vormachen? Wir sehen alle ungefähr so alt aus, wie wir sind. Ich denke, alt zu werden ist ein Vorrecht. Ich will lernen, Gott in jeder Phase meines Lebens die Ehre zu geben. Als alte Frau will ich nicht so tun, als sei ich mittleren Alters oder gar jung. Ich bin alt, und ich bin dankbar für dieses Vorrecht.«

Barbara Johnson: »Egal was passiert, Herr!«

Als Barbara Johnson herausfand, dass ihr Sohn homosexuell war, fielen wütende Worte, und er ging von zu Hause weg, legte sich schließlich einen anderen Namen zu, leugnete seine Herkunft und tauchte in die Schwulenszene ab. Erst sechs Jahre später kam er nach Hause zurück. Sie hatte schon einen Sohn im Vietnamkrieg verloren und den anderen in Alaska – bei einem Unfall mit einem betrunkenen Autofahrer.

»Am dunkelsten ist es immer, bevor es pechschwarze Nacht wird«, meinte sie lachend. »Ich hatte das Gefühl, mir sitzt ein Elefant auf der Brust. Meine Zähne taten weh vom Knirschen. Ich konnte mir nicht vorstellen, wie ich all diese Verluste überstehen sollte. Es ist eine gewaltige Lüge, dass der Glaube an Gott einen vor den Nackenschlägen des Lebens schützt. Es passieren jeden Tag Tragödien, und Christen sind dagegen nicht immun.«

Eines Tages stieg Barbara ins Auto und hatte vor, sich das Leben zu nehmen. »Es war unfassbar, dass es so weit gekom-

men war. Und plötzlich wurde mir klar, dass mein Selbst-
mordversuch vielleicht misslingen könnte und ich am Ende
in irgendeinem Pflegeheim sitzen und Körbe flechten würde.
›Herr‹, sagte ich, ›ich ertrage das nicht länger. Egal, was passiert, ich gebe meinen Sohn an dich ab, auch wenn er niemals wieder nach Hause kommt.‹

Als ich sagte, ›Egal, was passiert, Herr‹, fühlte ich mich
vollkommen erleichtert.

Ab diesem Augenblick schenkte mir Gott Freude. Wenn
wir unsere Lasten Gott überlassen, dann schenkt er uns
Freude und geistliches Wachstum auf unserem Weg über die
Schlaglöcher auf der Straße des Lebens. Wir sind zwar nicht
immer in einer Limousine unterwegs, manchmal vielleicht
auch nur in einem Pickup oder auf dem Fahrrad oder sogar
im Rollstuhl. Aber ganz gleich, wie, das Wichtigste ist, dass
uns bewusst wird, wie Gott auch in den Kleinigkeiten für
uns sorgt und uns viel Freude schenkt.«

Philip Yancey: Mein Babyfoto

Den Abschluss habe ich für eine meiner liebsten »Stinktier«-
Geschichten von einem meiner liebsten Autoren reserviert.
Vor einigen Jahren erzählte mir Philip Yancey, wie ihm Gottes
Liebe an einem der unwahrscheinlichsten Orte begegnete.

»Ich besuchte im Urlaub meine Mutter, die 700 Meilen
weit weg lebt. Sie holte eine Schachtel mit alten Bildern aus
einem Schrank, und darunter war auch ein Bild von mir, als
ich klein war. Ich fragte sie, warum es am Rand eingerissen
war. Sie erzählte mir, dass mein Vater, als ich zehn Monate alt
war, an Kinderlähmung erkrankte und drei Monate später,
kurz nach meinem ersten Geburtstag, starb. Mein Vater war
24 Jahre alt und gelähmt. Jedes Mal, wenn meine Mutter ihn
besuchte, setzte sie sich so, dass er sie in einem Spiegel sehen
konnte, den jemand an seiner eisernen Lunge befestigt hatte.

Mein Vater bat sie, Bilder von ihr, meinem Bruder und mir mitzubringen, und meine Mutter klemmte die Bilder zwischen die Metallknöpfe an den Apparaten. Mein Babyfoto war auch dabei.

Ich habe oft darüber nachgedacht. Es schien mir seltsam, dass jemand, an den ich mich überhaupt nicht erinnern konnte, mich so liebte. Wenn er wach war, starrte er mein Bild an, betete für mich und liebte mich. Dieses zerknitterte Foto ist eine der wenigen Verbindungen zu diesem Fremden, der mein Vater war. Als meine Mutter mir dieses Bild zeigte, empfand ich das Gleiche wie an jenem Februarabend, als ich zum ersten Mal an einen Gott der Liebe glaubte. Jemand passt auf mich auf. Jemand, der mich liebt. Es war so ein wildes Gefühl der Hoffnung, dass es mir wert schien, mein Leben dafür zu geben.«

Stinktier-Vertreiber

Eine ältere Dame zu ihrer Freundin:
»Ich würde sterben, wenn niemand zu meiner
Beerdigung käme.«

Ich liebe lange Spaziergänge, besonders wenn Menschen
sie machen, die mich nerven.
FRED ALLEN

Armut ist erblich. Man bekommt sie durch seine Kinder.

Ein Schild an einer Bürotür:
Ich kann es nur einer Person pro Tag recht machen.
Heute ist nicht Ihr Tag.
Morgen sieht es auch nicht gut aus.

Kluge Sprüche von kleinen Köpfen:

Wenn du willst, dass jemand dir zuhört, musst du flüstern.
Manchmal muss man die Klassenarbeit schreiben, bevor
man mit Lernen fertig ist.
Frag immer, wo etwas herkommt.
Nicke nicht am Telefon.
Der beste Platz, wenn man traurig ist, ist auf Omas Schoß.

Am Schwarzen Brett in einer Klinik:

Krebs ist begrenzt.
Er kann die Liebe nicht aufhalten.
Er kann die Hoffnung nicht zunichte machen.
Er kann den Glauben nicht zerstören.
Er kann den Frieden nicht nehmen.
Er kann die Zuversicht nicht rauben.
Er kann die Freundschaft nicht zerstören.
Er kann uns die Erinnerung nicht nehmen.
Er kann den Mut nicht zum Schweigen bringen.
Er kann nicht in die Seele dringen.
Er kann uns das ewige Leben nicht nehmen.
Er kann den Geist nicht auslöschen.
Er kann die Macht der Auferstehung nicht schmälern.

Der wirkliche Grund zur Freude:

So fern, wie der Osten vom Westen liegt,
so weit wirft Gott unsere Schuld von uns fort!
PSALM 103,12

Lachen ist besser als Antidepressiva, aber nichts ist so wirkungsvoll wie Hoffnung

Die Hoffnung ist wie die Sonne: Wenn wir auf sie zugehen, wirft sie den Schatten unserer Lasten hinter uns.
SAMUEL SMILES,
ENGL. SCHRIFTSTELLER, 1812-1904

Deshalb wünsche ich für euch alle, dass Gott, der diese Hoffnung schenkt, euch in eurem Glauben mit großer Freude und vollkommenem Frieden erfüllt, damit eure Hoffnung durch die Kraft des Heiligen Geistes wachse.
RÖMER 15,13

Einer der nettesten Briefe, die ich je bekommen habe, war von einer Frau, die ihre 85-jährige Mutter im Krankenhaus besuchte. Als sie sich dem Zimmer ihrer Mutter näherte, hörte sie Gelächter. Inmitten von Kilometern von Schläuchen, Monitoren und einem Nachtstuhl las ihre Mutter eins meiner Bücher und lachte sich dabei schlapp. Als sie sich unterhielten, erinnerte diese nette alte Dame ihre Tochter daran, warum sie noch lachen konnte. Die viel gelesene Bibel auf ihrem Nachttisch berichtete ihr von besseren Zeiten, die ihr noch bevorstanden. Bald würde sie nach Hause kommen. Drei Tage später war sie bei Jesus. »Sie haben Sie umgebracht!«, schrieb ihre Tochter scherzhaft.

Wir können an den unmöglichsten Orten Hoffnung finden, wenn wir danach Ausschau halten. Vor einer Woche habe ich angefangen, in den Medien nach Geschichten der Hoffnung zu suchen. Ich habe im Radio genau zugehört und sogar einige Nachrichtensendungen im Fernsehen geschaut. Nichts zu finden. Auch auf der Titelseite der Tageszeitung gab es wenig Hoffnung. Paris Hilton, das milliardenschwere It-Girl, hatte ihren PDA verloren. Darin waren nur Bilder von Paris Hilton gespeichert. »Die Ich-Gesellschaft«, titelte das Blatt. In einer anderen Schlagzeile hieß es: »Hollywood-Ehe hielt ganze zwei Tage«.

Und dann passierte etwas Tragisches. Ein paar Hundert Meilen entfernt wurden in einer Stadt vier Polizisten von einem einzelnen bewaffneten Mann erschossen. Und plötzlich tauchten überall Geschichten der Hoffnung auf. Sogar CNN sprach von Jesus. Einer der getöteten Polizisten war Peter Schiermann. Als er von den Medien gefragt wurde, ob er verbittert sei, antwortete Peters Vater, ein lutherischer Pastor: »Wenn ich es zulasse, dass ich bitter und von Hass erfüllt werde, dann werde ich auch zu einem Opfer dieser Schießerei. Wir wissen, dass Gott alles in der Hand hat. Manche sagen vielleicht, dass Peters Zeit einfach abgelaufen war. Das glaube ich nicht. Alle vier sind viel zu früh gestorben. Ich glaube keine Sekunde lang, dass der Tod dieser jungen Männer Teil von Gottes gutem, gnädigem Willen gewesen sein soll. Gott hat uns Menschen den freien Willen gegeben, und mit diesem freien Willen entscheiden sich manche dafür, viel Böses zu tun. Aber ich weiß auch, wie groß Gottes Liebe zu uns ist. Ich weiß, dass Jesus für Peter von den Toten auferstanden ist. Das satanische Geschnatter des Bösen wird von dem

Wissen, dass Jesus den Tod besiegt hat, zum Schweigen gebracht.«

Hoffnung. Finden Sie nur wenig davon, wenn Sie sich die Ereignisse Ihres Lebens durch den Kopf gehen lassen? Vielleicht helfen Ihnen dann die folgenden Geschichten …

25 Unfug

Die beste Methode, dafür zu sorgen, dass die Kinder
zu Hause bleiben, ist, für eine angenehme Atmosphäre
zu Hause zu sorgen – und ihnen die Luft aus den
Autoreifen zu lassen.
DOROTHY PARKER

Eines Abends, als unsere Kinder noch klein waren, schimpfte ich mit den Jungen, weil sie dem Hund unseres Nachbarn Geburtstagskerzen zu fressen gegeben hatten. Dann scheuchte ich sie ohne Nascherei ins Bett, setzte mich ins Wohnzimmer und fragte mich, ob es wohl noch Hoffnung gab für meine Sprösslinge. »Hast du dich schon mal gefragt«, fragte ich Ramona, »was aus einer Generation werden soll, die nicht einmal mehr weiß, wie rum man eine Schirmmütze aufsetzt? Die mit Computerspielen und Hotdogs aus der Mikrowelle aufwächst? Mal ganz im Ernst ... manchmal frage ich mich, wie diese Welt wohl aussehen wird, wenn all die treuen Beter nicht mehr leben. Und wenn all die großen Prediger, Autoren und Missionare verschwunden sind.«

»Ich mache mir manchmal Sorgen um unsere Kinder«, gestand mir meine Frau. »Denn sie sind dir schon sehr ähnlich, Schatz.«

Zum Glück wurden wir vom Telefon unterbrochen.

Der Anrufer war ein Freund, den ich schon seit Jahren nicht mehr gesehen hatte. Ob ich wohl Lust hätte, mit ihm und ein paar anderen eine Runde Hallenhockey zu spielen? Sie müssen verstehen, dass man in meinem Alter, wenn man schon froh sein kann, ohne Hilfe vom Sofa aufstehen und geschlagene sechs Mal am Tag zu den Mahlzeiten in die Küche watscheln zu können, nicht mehr daran denken sollte, in der Sporthalle herumzurennen, um seine Jugend unter Beweis zu stellen. Noch bevor jemand das Wort Herzinfarkt hätte sagen können, hatte ich schon zugesagt.

Am Ende des ersten Drittels war mein Kopf so dunkellila wie eine reife Pflaume. »Ich glaube, ich habe ein bisschen Speck angesetzt«, meinte ich zu meinen Teamkollegen. Am Ende des zweiten Drittels hatte ich ernsthafte Atemprobleme, und da nirgends ein Sauerstoffzelt zu finden war, schlug ich vor, dass wir uns zu mir nach Hause zurückziehen und eine kleine, gesunde Zwischenmahlzeit, bestehend aus Cola und Chips, einnehmen sollten.

Der Vorschlag fand allgemeine Zustimmung bei Dave Wall und Pete Raschleigh, zwei meiner Jugendfreunde, und schon bald saßen wir um unseren Esstisch, tauschten Kindheitserinnerungen über unseren Unfug von damals aus und lachten so lange, bis meine Atemprobleme wieder auftauchten.

Wir waren in einem sehr konservativen Ort aufgewachsen und hatten uns alle Mühe gegeben, uns einen Namen zu machen. Leider kann man die Titel, die uns einige der Erwachsenen gaben, aber nicht abdrucken. Lassen Sie mich kurz aufzählen, was wir so alles unternommen hatten, damit Sie verstehen, wie es dazu kam. (Jugendschutzwarnung: Die nachfolgenden Abschnitte sind für Leser unter 23 Jahren nicht geeignet.)

1. Wir machten aus dem Schild »Trödelmarkt« »Trottel-markt«.
2. Wir stellten einen VW-Käfer auf vier Cola-Büchsen. (Oh ja, das geht!)
3. Wir riefen den Bestatter an und erzählten ihm, Mr. Amstutz, unser Mathelehrer in der zehnten Klasse

Wir erzählten uns, wie wir in einem Restaurant Salzstreuer mit Superkleber auf den Tischen festgeklebt hatten, Klassen-kameraden bei der Armee eingeschrieben hatten, und was man mit Toilettenhäuschen, Furzkissen, Rasierschaum und Frischhaltefolie alles anstellen konnte. Nach einer Stunde waren Cola und Chips leer, aber die Geschichten gingen uns noch lange nicht aus.

»Wisst ihr noch, wie wir im Ferienbibellager das Toi-lettenhäuschen einen Meter nach vorne gerückt haben?«, meinte Pete.

»Die meisten unserer Streiche könntest du nicht mal in einem deiner Bücher veröffentlichen«, gab Dave zu. »Meine Lehrer haben mich gehasst. Wenn du im Lexikon unter Quälgeist nachschaust, findest du dort ein Bild von mir aus meiner Schulzeit.«

Petes Heldentaten konnten sich durchaus mit Daves mes-sen. »Mich haben die Sicherheitsbeamten gejagt, ich durfte nicht mehr auf Talentshows auftreten und bin von der Bibel-schule geflogen … und das war noch zu meinen anständige-ren Zeiten«, meinte er. »Ich habe in christlichen Musikläden Kassetten geklaut.«

Die Uhr zeigte schon nach Mitternacht an, als wir end-lich ruhiger wurden … und etwas ernster. Pete schüttelte den Kopf. »Wie oft haben meine Eltern nachts wach gelegen und darauf gewartet, ob wohl die Polizei anrufen wird. Und ha-ben dafür gebetet, dass ich nach Hause kommen würde.«

Dave nickte zustimmend. »Bei mir auch.«

An Petes 20. Geburtstag erregte Gott auf recht dramatische Weise seine Aufmerksamkeit. »Ich hatte fast 130 Sachen drauf auf meinem Motorrad, als es krachte«, erzählte er. »Ich lag im Graben und war bewusstlos. Da hatte ich diesen Traum. Alles war stockfinster. Als ich aufwachte, stand dieser Typ über mich gebeugt da, und seine Lippen bewegten sich ganz schnell. Er betete. An diesem Tag hörte ich auf, davonzulaufen, und bin für immer nach Hause gekommen.«

Heute ist Pete Hauptpastor einer Baptistengemeinde. Er hat gerade seine erste Tochter bekommen und sie Karis genannt – das ist Griechisch und bedeutet »Gnade«. Und Dave? Der hat aufgehört, seine Lehrer zu ärgern, und ist jetzt selber einer. Wenn er nicht gerade den Einheimischen Streiche spielt, gibt er Bibelunterricht für einen abgelegenen Stamm auf Papua Neuguinea. Dave hat mir vor Kurzem ein paar Bilder gemailt, auf denen die Stammesältesten seine Kinder bei der Taufe in das braune Wasser eines Flusses tauchen und sie – Gott sei Dank – auch wieder hoch holen!

Pete und Dave haben einiges gelernt. Sie wissen jetzt, dass Gott sehr viel Humor hat, und dass die größte Freude für ihn ist, wenn auf Irrwege geratene Jungs nach Hause kommen. Sie würden Ihnen jederzeit bestätigen, dass ihr Leben noch nie so aufregend gewesen ist wie jetzt.

Es war schon fast ein Uhr nachts, als ich sie verabschiedete. Meine Söhne schliefen fest, und so schlich ich mich leise in ihr Zimmer, legte ihnen sanft die Hand auf den Kopf und betete: »Lieber Gott, danke, dass es doch noch Hoffnung gibt. Und dass du so gerne Menschen veränderst. Wirst du das auch bei meinen Kindern tun? Wirst du ihre Energie für etwas Gutes gebrauchen? Ich hoffe, dass ich ihnen ein nachahmenswertes Beispiel sein kann. Und ich hoffe, dass sie

in dir alles finden werden, was sie brauchen, um eine blei-
bende Spur in dieser Welt zu hinterlassen.«

Auf dem Weg ins Bett machte ich noch in der Küche das
Licht aus und schaute zum Fenster hinaus.

Tatsächlich.

Pete und Dave standen immer noch über die geöffnete
Motorhaube gebeugt in der Einfahrt. Offensichtlich hatten
sie die Kartoffel, die ich ihnen in den Auspuff gesteckt hatte,
noch nicht entdeckt.

26 Das Evangelium nach Matt

Dieses Jahr werde ich sterben.
MILDRED WARNER-BLAKE, EINE ÄLTERE DAME,
DIE NOCH ZU LEBZEITEN AUF IHREM GRABSTEIN
»19.« EINGRAVIEREN LIESS.

Wenn Sie noch aus dem letzten Jahrtausend sind, dann erinnern Sie sich sicher noch an die Jahr-2000-Panik. Viele dachten an das Ende der Welt und sprachen auch darüber. Vielleicht lag es auch daran, dass wir den Geburtstag unserer Frauen vergessen hatten, aber zum größten Teil lag es an den Dutzenden von Büchern auf unseren Schreibtischen, die uns davor warnten, dass Punkt Mitternacht am 31. Dezember 1999 alle Computerbildschirme verkünden würden: »Das war's, ihr Erdenmenschen! Wir streiken jetzt!« Dann würde auf der ganzen Welt ein gigantischer Jubel ausbrechen, denn seien wir doch mal ehrlich, eigentlich haben wir die Computer doch satt. Und wir haben diese nervigen Handys und Bankautomaten satt.

Die Schattenseite an der Sache war, dass damit wieder das finstere Mittelalter eingeläutet würde, ohne Strom, ohne Sportsendungen im Fernsehen und ohne Popcorn aus der Mikrowelle. Und was noch schlimmer war, es würde das Ende unserer Zivilisation, wie wir sie kennen, bedeuten.

Für manche Menschen konnte das Ende der Welt gar nicht früh genug kommen.

Zum Beispiel für Matt Johnson. Matt ist ein Bekannter von mir, den die Gedanken an das Ende der Welt sehr motiviert haben. Er ist jeden Morgen aufgestanden und hat gehofft, dass er Armageddon jetzt in echt erleben würde. Er liest am liebsten lauter Bücher wie *2000 Gründe, weshalb Jesus 1999 wiederkommen wird* und den zweiten Band davon: *1 Grund, weshalb ich kein Prophet mehr bin.* Matt liebt eine schöne Diskussion über die Endzeit und kann bei jeder Gelegenheit sehr redegewandt die neuesten Prä-, Post- oder Mittmilleniumstheorien darlegen.

Zu dieser Zeit hatte Matt angefangen, lauter Endzeit-Verschwörungsromane zu lesen und alles, was die Zahl 2000 im Titel hatte. Bis dahin konnte ich das Meiste, was Matt sagte, noch verstehen. Aber dann fing er an, Begriffe wie *Bereitschaft* und *Konformitätslösungen* zu benutzen und von *Lasst uns alle zusammen in Panik ausbrechen!* zu sprechen. Manchmal kam er nur vorbei, um mir zu sagen, welche Geräte am ersten Januar nicht mehr funktionieren würden. Mein Kühlschrank zum Beispiel – ein vollkommen funktionstüchtiges Modell von General Electric, den meine Großmutter mir in ihrem Testament vermacht hatte – könnte vielleicht einen Computerchip haben, und deshalb wäre es klug, ein Loch zu graben, um die tiefgekühlten Hamburger darin aufzubewahren. Um »sicher zu gehen« sollte ich mir unter anderem folgende Dinge kaufen:

- Ein Notstromaggregat (für 399 Dollar, ohne Batterien).
- Eine Noah-Getreidemühle, um selbst Mehl zu mahlen (fein, Vollkorn oder Schrot), und falls das Ganze ein Flop sein sollte, kann man sie immer noch benut-

zen, um Pasta zu machen (für 429 Dollar, inkl. Versand und zehn Pfund Gerste).

– Ein AM/FM Solar-Radio mit Kurbel. Nach 60 Umdrehungen mit der Kurbel ist die Kiste komplett aufgeladen. Garantie bis zum Jahr 3000. Unverbindliche Preisempfehlung 9000 Dollar. Für Sie schon für 99,95 Dollar zu haben (inkl. Kopfhörer).

– Entsorgungsgebühren. Schicken Sie uns all Ihre nicht mehr verwendbaren Geräte (Herd, Backofen, Computer, Auto), und wir entsorgen sie sachgemäß für nur 4000 Dollar.

Ich fragte Matt, ob er nicht ein wenig übertreibe, aber er zeigte nur mit ausgestrecktem Finger auf meinen Gasgrill und lachte. »Das da wird in Kürze eine Antiquität sein«, sagte er. »Das wäre der einzige Grund, weshalb ich es behalten würde. Es wird eines Tages Sammlerwert haben.«

Ich sagte, dass es in der Bibel heißt, wir sollen Gott unsere Zukunft anvertrauen. Ich erinnerte ihn daran, dass Gott dem Volk Israel immer nur genug Manna für einen Tag gegeben hat, unter anderem deshalb, weil sie verlernt hatten, ihm zu vertrauen. »Wenn schwere Zeiten kommen, ist das eine großartige Gelegenheit für Christen, anderen zu helfen«, sagte ich.

Aber er schaute mich nur kopfschüttelnd an. »Du verstehst auch rein gar nichts«, sagte er.

Damals, im Herbst 1999, pflanzte ich gerade hinterm Haus einen Baum, als unser schnurloses Telefon klingelte. »Phil«, hörte ich Matt mit unsicherer Stimme sagen, »was ich dir jetzt sage, ist streng geheim … du darfst es niemand anderem sagen. Sitzt du?«

»Jetzt ja, Matt«, sagte ich. »Geht es um die Züge?«

»Das war letzten Monat, Phil. Hör dir das an.« Matts

Stimme war nur noch ein kaum hörbares Flüstern. »Glaubst du an das Ende der Welt?«

»Mann, ich lebe in Kanada. Von hier aus kann ich es sehen.«

»Das ist todernst«, wies Matt mich zurecht. »Vor einer Stunde habe ich den 2. Petrusbrief gelesen. Und jetzt ergibt alles Sinn. Ich wusste, dass es in diesem Brief um das Ende der Welt geht. Darum, dass Jesus wie ein Dieb in der Nacht kommen wird. Und dass die Himmel im Feuer verbrennen werden. Und dass die Elemente im Feuer verglühen werden. Aber erst heute ist mir aufgefallen, dass das 666. Wort im 2. Petrusbrief ›Microsoft‹ rückwärts geschrieben ergibt, wenn man im Griechischen einen Buchstaben streicht.«

»Im Ernst?«, fragte ich.

»Natürlich. Und es kommt noch besser, Phil. In der *Worte der Verheißung Studienbibel* fängt der 2. Petrusbrief auf Seite 1939 an. Und du weißt ja, was im Jahr 1939 passiert ist, oder?«

»Äh … da wurde Hal Lindsey geboren.«

»Nein, Phil. Denk doch mal mit. Da ist Hitler in Polen einmarschiert, und der Zweite Weltkrieg hat angefangen.«

»Worauf willst du hinaus?«

»Na ja«, sagte Matt und hielt einen kleinen Augenblick inne, »das ist doch ziemlich offensichtlich.«

»Ich glaube nicht«, sagte ich. »Du musst es mir erklären.«

»2. Petrus ist das 61. Buch in der Bibel. Wenn man 61 und 1939 addiert, kommt …«

»2000 raus!«, unterbrach ich ihn.

»Genau! Das ist ganz offensichtlich der Anfang vom Ende. Das Ende vom Anfang. Der Todesfluch. Ein dicker Fisch. Computer werden abstürzen, ganz zu schweigen von Flugzeugen und Börsenkursen. Das gibt Chaos, Phil, absolutes Chaos. Ich haue ab, solange ich noch kann. Willst du mein Haus kaufen?«

»Wie viel willst du dafür?«, fragte ich.

»Mein Wohnmobil ist voll mit Konserven«, sagte Matt. »Das ist die Gelegenheit für dich.«

»Warte mal, Matt. Ich will wissen, was *noch* alles in 2. Petrus steht.« Aber Matt hatte aufgelegt. In der Leitung brummte es nur noch. Ich beschloss, 2. Petrus selbst zu lesen. Und dann entdeckte ich den Rest der Geschichte. Die Verse, die Matt übersehen hatte.

Wenn aber alles in dieser Weise zugrunde gehen wird, müsst ihr euch erst recht darauf vorbereiten, das heißt, ihr müsst ein Leben führen, das Gott gefällt und allein auf ihn ausgerichtet ist. So erwartet ihr diesen Tag, an dem Gott kommt, und tut alles dazu, dass er nicht mehr lange auf sich warten lässt. Dann werden die Himmel im Feuer verbrennen und die Elemente in der Glut zerschmelzen. Wir alle aber warten auf den neuen Himmel und die neue Erde, die Gott uns zugesagt hat. Wir warten auf diese neue Welt, in der es endlich Gerechtigkeit gibt. Ich weiß, dass ihr, meine Freunde, voller Hoffnung darauf wartet, deshalb ermahne ich euch: Lebt so, dass ihr dem Herrn ohne Schuld und mit einem reinen Gewissen im Frieden gegenübertreten könnt.
2. PETRUS 3,11-14

Ich hoffe sehr, dachte ich, *dass ich gerade mit meinen Kindern Fangen spiele, wenn Jesus wiederkommt. Oder dass ich gerade meine Frau küsse. Oder dass ich mit einem Nicht-Christen eine Cola trinke. Hoffentlich wird er mich nie dabei erwischen, wie ich mich irgendwo ängstlich verkrieche, über das Ende nachdenke und Millennium-Bücher verbrenne, um mich warmzuhalten.*

Ich versuchte, Matt zu erreichen, um ihm das zu erzählen. Aber es kam nur eine Bandansage: »Die Nummer, die Sie gewählt haben, ist leider abgemeldet. Wenn Sie Matts

Telefonrechnung zahlen möchten, geben Sie bitte nach dem Piepton Ihre Kreditkartennummer ein.« Also schnappte ich mir meine Bibel, setzte mich ins Auto und fuhr zu Matt hinüber. Ich hatte zwei Möglichkeiten: Entweder konnte ich ihm die Sache noch ausreden, oder ich musste mit ihm einkaufen gehen und sein Wohnmobil mit Dosenfutter vollstopfen.

27 Warum Metuschelach so lange lebte

Im Alter sind Kinder ein großer Trost –
und sie helfen einem auch, es schneller zu erreichen.
LIONEL KAUFFMAN

Auf meinem Schreibtisch habe ich einen echten Brief von Mrs. Anne Farley aus Portland in Oregon. Darin steht: »Lieber Mr. Callaway, es hat mich sehr gefreut, Sie diesen Sommer auf der Freizeit kennengelernt zu haben, und ich habe Ihnen sehr gerne zugehört. Aber als ich dann Ihr Buch las, musste ich feststellen, dass Sie in Wirklichkeit viel älter aussehen als auf dem Bild. Außerdem haben Sie schon fast eine Glatze, und Ihre restlichen Haare werden grau. Was meinen Sie, warum altern manche Menschen so schnell?«

Ich möchte Mrs. Farley an dieser Stelle dafür danken, dass sie mich daran erinnert hat, dass ich, wenn das Leben wie ein Laib Brot ist, genauso schnell schimmle wie alle anderen auch. Vielleicht werde ich ihr zu Weihnachten ein Früchtebrot schicken mit der Aufschrift: »Mindestens haltbar bis 1973«.

Mein ältester Sohn sollte auch eines bekommen. Am Abend meines 35. Geburtstags sagte er etwas, das ich niemals vergessen werde, solange ich noch funktionierende Gehirnzellen habe. Er fragte mich: »Wie alt bist du noch mal?« Als ich es ihm sagte, legte er den Kopf schief und meinte: »Wow! Dann bist du ja schon halb tot!«

Ich denke, ich habe mit bewundernswerter Selbstbeherrschung reagiert. Ich habe mein Kind in aller Ruhe ins Bett gebracht, ihm einen Kuss mitten auf die Stirn gedrückt, bin dann in mein Arbeitszimmer gegangen und habe ihn aus meinem Testament gestrichen.

Inzwischen sind einige Jahre vergangen, und ich muss gestehen, dass ich sogar noch schneller altere, als mein Sohn vorhergesagt hat. Vielleicht kennen Sie das Gefühl. Wenn Sie abends ins Bett gehen, fühlen Sie sich noch wie ein Teenager, und am nächsten Morgen stehen Sie vor dem Spiegel und sagen laut: »He, wer hat mir meinen Körper geklaut und mir stattdessen diesen alten Sack gegeben?« Wenn Sie auf der Straße an jungen Leuten vorbeigehen, denken Sie, sie sähen einen schlanken, durchtrainierten 21-jährigen. Aber in Wirklichkeit sehen sie einen Mann mittleren Alters, der das nächste Mal beim Blick in sein Fotoalbum in die Midlife-Krise fällt. In solchen Momenten ist es wichtig, dass wir uns vor Augen halten, dass es gute Gründe gibt, warum wir so schnell reifer werden. In meinem Fall gibt es genau drei gute Gründe dafür – zwei sind männlich, einer weiblich.

Kinder waren schon immer dafür verantwortlich, dass ihre Eltern älter wurden. Zur Zeit der Bibel dauerte es noch etwas länger. Metuschelach lebte 969 Jahre. Aber Sie müssen auch bedenken, dass seine Kinder noch nicht mit dem Freund oder der Freundin ausgingen, sich Ohrringe in die Nase steckten oder laute Musik hörten.

Vor Kurzem kam ich von einem sehr anstrengenden Tag im Büro nach Hause und sah, dass sich unser ganzes Haus bewegte. Stephen und sein Bruder Jeffrey hatten meine schöne Michael-Card-CD herausgenommen und durch etwas ersetzt, das klang, als würden einige sehr wütende Menschen mit Presslufthämmern aufeinander losgehen. Das Lied hatte zwar wahrscheinlich einen echten Text, aber ich habe nur

Oja bumm bumm oja bumm bumm
Wahu bumm bumm

gehört – und das Ganze dann noch einmal, noch lauter.

»He! Das hört sich an, als ob jemand einen Dudelsackspieler erwürgt!«, schrie ich. »MACHT DAS LEISER!«

»WER IST HEISER?«, schrie Jeffrey zurück.

In der Küche bereitete Ramona ganz seelenruhig das Abendessen vor – dank der Ohrenschützer für Straßenbauarbeiter.

»Jungs«, sagte ich, nachdem der Lautstärkeregler wieder auf seine normale Position gestellt worden war, »als ich so alt war wie ihr, hat man mir beigebracht, dass bei dieser Art von Musik die Pflanzen sterben. Hühner legen keine Eier mehr, wenn sie das Zeug hören. Und Menschen zetteln einen Weltkrieg an. Wir sollten etwas anderes tun. Wir könnten zum Beispiel nach draußen gehen und ausprobieren, ob die CD brennt.«

»Wir mögen die Musik aber«, sagten sie.

Ein weiterer wichtiger Grund, weshalb ich so schnell altere, ist, dass wir jetzt Kinder im Teenageralter haben. »Ihr meint also, das sei schon schlimm?«, sagten uns früher andere Eltern mit finsterem Blick. »Wartet mal ab.« Langsam fange ich an zu verstehen, was sie gemeint haben. Meine Tochter erreichte die Pubertät mit Lichtgeschwindigkeit, und bevor ich noch »Hände hoch und weg vom Haus« sagen konnte, standen 14-jährige Jungs vor unserer Haustür und hielten um ihre Hand an. Wenn ich jetzt überängstlich klinge, sehen Sie es mir bitte nach. Wenn ich erst mal die Landminen ums Haus verteilt habe, wird es mir wieder besser gehen.

Gestern Abend kamen meine Eltern zu Besuch. Die gleichen Eltern, die früher zu mir gesagt haben, ich solle meine »Musik« leiser drehen. Die Jungs ließen dcTalk so laut laufen, dass die Marsmenschen sich die Ohren zuhalten mussten (obwohl diese Musik ja eigentlich von dort kommt), und ich sah, wie meine Eltern nur grinsten. *Vielleicht liegt die wahre Freude des Großeltern-Daseins darin,* dachte ich, *dass man zusehen kann, wie die Kinder mit denselben Waffen gefoltert werden, mit denen sie einen früher selbst gefoltert haben.* Aber im Verlauf des Abends kam ich zu einer anderen Schlussfolgerung.

Meine Eltern schienen die Kinder selbst viel mehr zu beachten als die Musik. Sie hörten sich an, wie Stephen ihnen den Text von »I'm Into Jesus« (Ich steh auf Jesus) vorlas. Sie interessierten sich für ihre Hausaufgaben und fragten, wie ihr Tag gewesen war. In den letzten 75 Jahren ihres Lebens hatten sie wohl gelernt, dass das Leben viel zu schnell vorübergeht, als dass wir uns auf die Nebensächlichkeiten konzentrieren können. Und ich habe zugesehen, wie sie Teenager in den Arm nahmen, die mehr Ohrringe im Ohr als Gehirnzellen im Kopf hatten. Ich habe sie auf Knien voll Vertrauen dafür beten gehört, dass Gott an ihren Enkeln genauso wirken möge, wie er an ihren Kindern gewirkt hat.

Ich weiß nicht, wie es Ihnen geht, aber ich muss ab und zu an diese Dinge erinnert werden. Ich muss daran erinnert werden, dass der gleiche Gott, der seit Generationen treu war, jetzt nicht untreu sein wird. Ich muss mir ins Gedächtnis rufen, dass Eltern zu sein zwar manchmal eine beängstigende Verantwortung ist, aber eben auch ein ganz großes Vorrecht. Ich würde meine Kinder nicht einmal gegen einmal Durchschlafen, mehr Haare auf dem Kopf oder schöne, grüne Pflanzen eintauschen.

Aber jetzt muss ich gehen. Ich muss mein Testament ändern und Früchtebrot bestellen.

226

28 Die letzte Zuflucht

Gott hat jedem Menschen das Wort »Hoffnung«
auf die Stirn geschrieben.
VICTOR HUGO, VERFASSER VON
LES MISÉRABLES (1802-1885)

Ich weiß nicht, wie es Ihnen geht, aber meine Gebete
scheint Gott selten zu erhören. Als ich fünf war, betete ich,
dass Gott mich reich machen würde. Es ist nicht passiert.
Der Goldesel kam nicht bis zu uns. Eines Tages hörte ich,
wie meine Mutter zu meinem Vater sagte: »Schatz, wir haben genug Geld bis ans Ende unseres Lebens – vorausge-
setzt, wir leben nicht länger als bis Donnerstag.« Das war der
Stand der Dinge.

In der vierten Klasse betete ich eine ganze Woche lang
Tag und Nacht, dass sich Gloryanne Larue genauso in mich
verlieben würde, wie ich in sie verliebt war. Ich betete, dass
sie mich mit ihren süßen Grübchen anlächeln und mir ihr
lückenloses Gebiss zeigen würde. Es passierte nicht. Am
Valentinstag 1971 ging ich nach vorne, um meinen Bleistift
zu spitzen, holte dabei ganz lässig ein blank poliertes kana-
disches Zehncentstück aus der Hosentasche und legte es auf
Gloryannes Tisch. Obwohl meine charismatische Persön-
lichkeit alleine genug gewesen wäre, wusste ich doch, dass

dieses Zeichen meiner Liebe und Zuneigung unsere Bindung für alle Zeit besiegeln würde.

Ich lag daneben. Total daneben.

Sie hat sich nicht einmal bedankt. Und sie hat mich den Rest des Schuljahres keines Blickes mehr gewürdigt. Als wieder einmal eines meiner Gebete nicht erhört wurde, dachte ich an dieses Zehncentstück – und wollte es zurückhaben. Ich wollte es einrahmen. Es war eine kleine, aber traurige Erinnerung an all die Gelegenheiten, bei denen Gott sich die Ohren zugehalten hatte, wenn ich betete. Aber ich schätze mal, ich brauche das Geldstück gar nicht. Es gibt noch andere Erinnerungen.

Vor Kurzem bat mich eine Freundin, für sie zu beten. Ihre Tochter hatte seit gut einer Woche Kopfschmerzen, und der Hausarzt konnte nichts finden. Sie machte sich Sorgen. In einer Frauenzeitschrift hatte sie alles Mögliche über Kopfschmerzen gelesen, und jetzt lag sie nachts wach und malte sich das Schlimmste aus. Ich versprach ihr, für sie und ihre Tochter zu beten. Und das tat ich auch. Einige Tage später schrieb sie mir folgenden Brief:

Lieber Phil,
danke für deine Gebete.
Wenn du betest, passiert wirklich etwas!
Jetzt habe ich drei Kinder mit Windpocken daheim, von denen eines mit Schmerztabletten betäubt ist, und die anderen beiden sich gegenseitig auf die Nerven gehen. Heute Morgen habe ich beschlossen, ihnen etwas Gutes zu tun und habe Zimtschnecken gebacken. Zweieinhalb Stunden später hörten wir ein PENG und ein KLIRR! Die gläserne Backform war im Ofen zersprungen, und die Butter aus den Zimtschnecken tropfte auf die Heizstäbe im Ofen. Es fing an zu brennen. Ich leerte ein ganzes Kilo Mehl in den Ofen. Der Qualm verbreitete sich im gan-

zen Haus, und das Mehl war auf dem ganzen Küchenboden verteilt, den ich gerade frisch gewischt hatte.

Hast du eine Ahnung, was passiert, wenn Mehl auf nassen Boden kommt, Phil? Während ich auf Zehenspitzen mit klebrigen Füßen durch die Küche tippelte, klingelte es an der Haustür. Es war ein Staubsaugervertreter.

Vielen Dank für deine Gebete, Phil.

Würdest du bitte aufhören zu beten?

Alles Liebe,

Gertie.

Als ich das las, musste ich laut lachen. *Vielleicht hat sie ja recht*, dachte ich. *Nur allzu oft prallen meine Gebete von der Decke ab und bleiben dann am Boden kleben.* Während meiner Schulzeit betete ich, dass Gott mich zu einem Musterschüler machen sollte … aber statt Einser bekam ich nur Dreier und Vierer. Ich bat Gott, er möge mich zu einem Weltklasse-Eishockeyspieler machen … aber ich schoss nur ein Eigentor. Ich betete, dass mir die Mädchen nur so hinterherlaufen würden … und musste zusehen, wie sie vor mir wegliefen.

Natürlich ist mir inzwischen auch klar geworden, wie arm ich dran wäre, wenn Gott mir alle meine Wünsche erfüllt hätte.

In der Grundschule gab es ein wunderschönes Mädchen, das ich heiraten wollte. Ich war überzeugt, dass das Gottes Wille für ihr Leben sei. Aber sie war anderer Meinung. Ich betete, dass Gott ihre Einstellung verändern möge. Er tat es nicht.

Vor Kurzem traf ich sie im Einkaufszentrum. Sie war freundlich. Sie war immer noch sehr hübsch. Aber sie redete ohne Punkt und Komma. Es war bestimmt nicht ihre Absicht, aber sie konnte einfach nicht anders. Mir klingelte es in den Ohren, und als ich das Einkaufszentrum verließ, dankte ich Gott, dass er manche meiner Gebete nicht erhört hatte.

Es ist schon lustig, wie wir beten. Wir beten, als würden wir Gott über Satellit wichtige Ereignisse berichten, von denen er noch nicht das Geringste mitbekommen hat. »Lieber Gott, ich bitte dich für Onkel Tom, der wieder gestürzt ist und sich eine Rippe gebrochen hat.« Und Gott, von dem wir glauben, er sitze auf der Himmelsveranda und sei manchmal durch Gewitterwolken verdeckt, beugt sich vor und sagt: »Ach, tatsächlich? Meinst du deinen Onkel Tom mütterlicherseits? Welche Rippe ist es denn?«

Aber in der Bibel heißt es, dass der Heilige Geist unser Dolmetscher ist. Er nimmt unsere Gebete und bringt sie so vor Gott, dass sie Sinn ergeben. In Römer 8,26-27 heißt es: »Dabei hilft uns der Geist Gottes in all unseren Schwächen und Nöten. Wissen wir doch nicht einmal, wie wir beten sollen, damit es Gott gefällt! Deshalb tritt der Geist Gottes für uns ein, er bittet für uns mit einem Seufzen, wie es sich nicht in Worte fassen lässt … Denn der Geist vertritt uns im Gebet, so wie Gott es für alle möchte, die zu ihm gehören.«

Ich bin so froh, dass er uns so sehr liebt. Aber nur zu oft will ich, dass *mein* Wille geschieht. Mein ganzes Leben lang habe ich mir gewünscht, eine Hauptrolle in einer dieser unglaublichen Missionarsgeschichten zu spielen, die ich als Kind immer gehört habe. Wie zum Beispiel die, in der 13 Engel mit Flammenschwertern um die Hütte des Missionars standen und die Kannibalen vertrieben. Es stellte sich heraus, dass in Detroit 13 Männer genau in dieser Nacht für den Missionar und seine Familie beteten. Ich liebte diese Geschichte. Ich überstrapazierte schon unseren Schallplattenspieler damit.

Aber es schien nie *meine* Geschichte zu sein.

Bis zu jener dunklen Nacht im August. Es war eine Nacht, in der Gott mich total überraschte.

Ich schrieb in mein Tagebuch:

2. August
Ich glaube, es geht dem Ende zu. Ramona wiegt nur noch 45 Kilo. Heute Morgen ist sie spazieren gegangen, und die Leute im Ort haben sie gar nicht erkannt. Heute hatte sie so viele An-fälle, dass ich sie schon nicht mehr zählen kann. Mehrere Dut-zend Spezialisten sind zu widersprüchlichen Ergebnissen ge-kommen und haben ihr eine endlose Liste mit Medikamenten empfohlen. Jetzt weiß ich, wie es Versuchskaninchen geht. Nichts wirkt. Ich habe es aufgegeben, nach dem Warum zu fragen, Herr. Ich will nur wissen, wie es jetzt weitergehen soll.

Eine Woche später habe ich in einem verzweifelten letzten Anlauf die ganze Familie ins Auto gepackt, und wir sind in ein Ferienhäuschen am See gefahren. Ich habe es unsere »letzte Zuflucht« genannt. Die Umgebung war perfekt. In der Ferne die Berge und vor uns der Strand. »Oh Herr«, betete ich, »ich weiß nicht, was ich sonst noch tun soll. Bitte hilf ihr, sich hier zu erholen.«

Aber die Anfälle hielten an.

Spät abends, als alle schliefen, saß ich am Wasser und schaute zu, wie die letzten Sonnenstrahlen die Bergspit-zen in zauberhafte Pastelltöne tauchten. Am Mittwoch, den 14. August, nahm ich mein Tagebuch mit und kritzelte die folgenden Worte hinein:

Den Kindern gefällt es hier. Stephen geht angeln. Er hat schon zehn Forellen gefangen. Rachael verwöhnt die kleinen Kinder unserer Nachbarn. Jeffrey ist heute die meiste Zeit auf einer Luftmatratze herumgepaddelt. Ich hatte einen genialen Einfall (für mich war er jedenfalls genial). Jetzt kann ich bei Ramona bleiben und habe ihn gleichzeitig im Auge. Ich habe die Luft-matratze mit einer langen Leine an einem Pfosten am Ufer fest-gebunden. Wenn er wieder ans Ufer will, muss er nur so lange an der Leine ziehen, bis er da ist. Nach dem Mittagessen habe ich am Strand verzweifelt gebetet, als mir plötzlich ein Gedanke kam (das kommt nicht allzu oft vor … deshalb sollte ich ihn nicht verwerfen): Wenn Jeffrey ans Ufer will, dann zieht er nicht das Ufer zu sich, sondern sich zum Ufer. Vielleicht habe ich die ganze Zeit versucht, Gott dazu zu bringen, so zu denken wie ich – was unmöglich ist – statt meine Wünsche in Einklang mit seinem Willen zu bringen. Es hat eine Weile gedauert, bis ich das kapiert habe. Aber heute habe ich Gott die Leine überlassen. Ich habe gebetet: »Was immer du willst, Herr. Ich gehöre ganz dir.« Der Himmel war danach nicht blauer. Das Wasser wurde nicht klarer. Aber tief in meinem Innersten wusste ich, dass ich mich verändert hatte. Und dass alles gut werden würde, ganz gleich, was geschah.

Ein paar Tage später fuhren wir wieder nach Hause. Ramona ging es immer schlechter. Eines Tages kam ein Freund zu Besuch und musste feststellen, dass Ramona jede halbe Stunde einen Anfall bekam. Wir beteten alle drei zusammen. An diesem Abend ging ich, nachdem Ramona endlich ein-geschlafen war, in den Garten und setzte mich in einen Lie-gestuhl. Ich sah zum Himmel hinauf, und die Tränen liefen mir übers Gesicht.

»Oh Gott«, sagte ich laut, »gibt es noch Hoffnung für uns? Oder muss ich anfangen, die Beerdigung zu planen?« Ich rutschte vom Liegestuhl, sank auf die Knie und häm-merte mit den Fäusten auf den Boden. »Gott«, schrie ich auf, »ich halte das nicht mehr aus. Bitte tu irgendetwas.«

Und dann tat ich etwas, was ich noch nie getan hatte. Ich

gab Ramona Gott hin und sagte: »Nimm du sie, Herr. Was auch immer dein Wille ist, ich gehöre dir. Was auch immer du tun wirst, ich werde dich lieben.«

Die Sterne fingen nicht an zu blinken. Ich sah auch keine göttliche Flammenschrift am Himmel. Aber als ich aufstand, kam mir der Name eines Arztes in den Sinn, der in unsere Gemeinde ging. Ich war noch nie auf den Gedanken gekommen, ihn nach seiner Meinung zu fragen. Ein paar Minuten später hatte ich ihn am Telefon. Nachdem er sich meine Beschreibung angehört hatte, sagte er nur: »So etwas habe ich schon einmal gesehen, Phil. Es klingt, als hätte sie eine seltene chemische Unterfunktion. Bring sie gleich morgen früh zu mir. Es gibt da ein recht neues Medikament dagegen. Es heißt Epival.«

Ich glaube, bis dahin habe ich nicht wirklich an die Macht des Gebets geglaubt. Aber innerhalb einer Woche war Ramona wie ausgewechselt. Innerhalb einer Woche hatten die Anfälle aufgehört. In ihren Augen war wieder das Funkeln zu sehen, das ich früher so anziehend gefunden hatte.

Gott hatte mir meine Frau zurückgegeben.

Wir sind noch nicht durch das Tal hindurch. Uns stehen noch mehr Prüfungen bevor. Aber jeden Tag wacht Ramona neben dem dankbarsten Mann der Welt auf.

Ich bin dankbar, dass Gott uns nicht alles gibt, was wir uns wünschen. Dafür gibt er uns etwas viel Besseres: Er gibt uns alles, was wir brauchen.

Knapp zwei Wochen nach meinem abendlichen Erlebnis im Garten schrieb ich Folgendes in mein Tagebuch:

28. August (unser 14. Hochzeitstag)
Unser Les-Misérables-Wochenende ist jetzt vier Jahre her. Danke Gott, dass du uns durchgetragen hast. Ich habe dir heute versprochen, dass ich mich bemühen will, jeden Tag mit dir an-

zufangen. Ich will mir angewöhnen, jeden Morgen, wenn ich aufwache, mit dir zu reden, noch bevor ich meine Frau küsse. Viel zu lange warst du meine letzte Zuflucht. Ich will, dass du in jeder Lage als Erstes kommst. Es scheint, als gehe es beim Beten mehr um deinen Willen als um meine Wünsche. Mehr um Hingabe als um Erfolg. Jahrelang war das Gebet für mich das Ersatzrad. Hilf mir, dass es mein Lenkrad wird. Wenn meine Knie anfangen zu zittern, hilf mir auf die Knie zu gehen. Und ich hoffe, dass du mich auch so vorfinden wirst, wenn alles glatt läuft. Selbst wenn das Gebet sonst gar nichts verändert, so lass es doch mich verändern.

Wenn ich ein einzelnes Wort nennen sollte, das uns durch beinahe fünf Jahre Stinktierzeit getragen hat, so wäre es das wunderbare Wort *Hoffnung*. Nicht nur die Hoffnung, dass Gott unsere Gebete erhört, sondern die Hoffnung, dass es nicht das Ende bedeutet, wenn er sie nicht so erhört, wie wir uns das wünschen.

Das habe ich aus vielen Quellen erfahren. Aus den Psalmen. Aus den Lebensgeschichten früherer Christen. Aber niemand konnte das Wort so buchstabieren wie der Held unseres nächsten Kapitels: mein Freund Bruce.

29 Hoffnung auf Weihnachten

*Solange alles noch hoffnungsvoll ist, ist das Wort Hoffnung
nichts als Schmeichelei oder eine leere Floskel. Erst wenn
alles hoffnungslos ist, ist die Hoffnung eine Kraft.*

G.K. CHESTERTON

Es ist Samstagmorgen. Draußen vor dem Restaurant versin-
ken die letzten Erinnerungen an den Herbst unter dicken,
weißen Schneeflocken. Weihnachten steht vor der Tür. Um
mich herum mampfen Eltern fröhlich mit ihren Kindern,
um noch Energie zu tanken, damit sie beim Weihnachtsein-
kauf nicht schlappmachen. Mir gegenüber sitzt mein Freund
Bruce. Er hat etwas an sich, dass kleine Kinder stehen bleiben und ihn anstarren und Eltern sie hastig weiterschieben.
Aber Bruce scheint das nicht zu stören. Während er redet,
wünsche ich mir, dass alle Menschen auf der Welt ihre Ein-
käufe lange genug unterbrechen würden, um diese span-
nende Geschichte zu hören.

Vor 20 Weihnachten starrte Bruce aus dem Fenster einer
Wohnung und hielt eine Bibel mit schwarzem Ledereinband
umklammert. Vier Stockwerke unter ihm eilten hektische
Einkäufer herum, in letzter Minute noch auf der Suche nach
einem Geschenk. Während er noch mit dem, was er vorhatte, kämpfte, vermischten sich Bilder aus seinem Leben mit
dem Anblick der Einkäufer: frei durch den Wald laufen … in

235

einem kleinen Holzfällerdorf … liebevolle Eltern … gute Freunde. Bruce lächelte, als er an die Sonntagsschule dachte. Eine altertümliche Religion, die bei ihm irgendwie nie richtig Wurzeln schlug. Aber das Lächeln verschwand sofort, als er an jenen Tag in der achten Klasse dachte. Ein Tag, der alles veränderte. »Dein Vater … tot … ein Unfall beim Holzfällen.« Er konnte die Macht dieser Worte immer noch nicht beiseiteschieben. Sie waren das Ende seiner Kindheit gewesen. Von da an ging es stetig bergab.

Wie den verlorenen Sohn, zog es auch Bruce bald in die Stadt, wo er sein eigenes Leben leben wollte. Aber es erging ihm genauso wie jenem. Zuerst landete er in der Erziehungsanstalt. Die normale Schule hatte ihn schon genug eingeengt, aber hier gab es überhaupt keine Freizeit mehr. Allerdings lernte er auch ein paar nützliche Dinge. Er machte einen Grundkurs in Taschendiebstahl und war bei den Fortgeschrittenen in Einbruch.

Sein Schulabschluss in der Erziehungsanstalt war der Anfang einer Reihe von Festnahmen und Gefängnisstrafen. »Eines Tages ging ich in ein Kaufhaus, nahm einer Schaufensterpuppe den Hut ab«, meinte Bruce grinsend, »setzte ihn auf einen anderen hohlen Kopf – nämlich meinen – und ging hinaus.« Wenige Minuten später wurde er verhaftet.

»Wenn du so weitermachst‹, warnte mich der Richter einige Monate später, ›dann steckst du irgendwann in der Sackgasse.‹ Ich wusste, dass ich etwas ändern musste.«

Es dauerte nicht lange, und Bruce fand Arbeit und machte einen höheren Schulabschluss. Aber schon bald lockte ihn wieder der alte Lebensstil. »Ich konnte einfach besser stehlen als arbeiten«, gesteht er. »Außerdem nützte es ohnehin nichts. Jedes Mal, wenn ich es mit Schule oder ehrlicher Arbeit versuchte, bekam ich nur noch mehr Ärger … oder kam ins Gefängnis.«

Eine Bedienung bringt uns die Speisekarten, aber Bruce lehnt ab. »Für mich bitte nur eine Cola«, sage ich. Ich merke, dass er schwer atmet. »Ist alles in Ordnung?«, frage ich. Es ist alles in Ordnung. Während mir die Bedienung meine Cola einschenkt, geht seine Geschichte weiter.

Kurz vor Weihnachten kamen die langen Winternächte und griffen mit ihren kalten, feuchten Klauen nach ihm. Das überwältigende Gefühl, ein Versager zu sein, packte ihn. Die Hoffnung schwand schnell dahin. Eine neue Arbeitsstelle gab ihm Hoffnung. Bis sein Chef herausfand, dass er gesessen hatte. Seine Freundin, mit der er vier Jahre lang zusammengelebt hatte, verließ ihn. Noch nie war die Stille für ihn so laut gewesen.

In seiner Kindheit war die Weihnachtszeit immer eine Zeit voll Lachen gewesen. Eine Zeit voller Feiern und Freunde, kurzer Spaziergänge und langer Tischreden. Aber dieses Weihnachten war anders. Von seinem Fenster im vierten Stock aus betrachtete Bruce das kalte, tote Straßenpflaster und dachte über sein Leben nach. Die Depression ließ ihn nicht mehr los. Seine Hoffnungen, die früher einmal noch vage Möglichkeiten gewesen waren, lachten ihm nur noch spöttisch ins Gesicht. Der graue Winterhimmel spiegelte seine Verzweiflung wider, die so tief war, dass es nur noch einen Ausweg gab.

Er packte die Bibel am Buchrücken, schleuderte sie quer durchs Zimmer und sah zu, wie sie von der Wand abprallte. Dann ging er entschlossen zum Kühlschrank, drehte sich um und rannte auf das offene Fenster zu.

Als er aufwachte, sah er angestrengt nach oben. Über sich sah er die Stuckdecke eines Krankenhauszimmers. »Ich konnte es einfach nicht glauben«, sagt er heute. »Ich hatte mir die Arme gebrochen, hatte einen Milzriss, beide Knie waren zertrümmert und der Kiefer war gebrochen. Ich verfluchte mich selbst. Ich konnte nur noch denken: ›Mann, Bruce, du bist so ein Versager. Du schaffst es nicht mal, dich selbst umzubringen.‹«

Als er eines Tages wie benommen im Rollstuhl den Krankenhausflur entlangrollte, traf er einen alten Freund. »Hör zu«, sagte sein Freund, nachdem sie sich begrüßt hatten, »du musst unbedingt mit einer Frau sprechen, die ich kenne. Hier hast du ihre Telefonnummer.«

Bruce schaute auf den Namen und erinnerte sich. Vor zehn Jahren hatte diese Frau versucht, ihm dieses religiöse Zeug einzubläuen. Es hatte nichts genützt. Höflich steckte er den Zettel mit der Nummer in seinen Geldbeutel und vergaß ihn dann.

Als er wieder draußen war, schlug er wieder den altbekannten Pfad ein. Es ging bergab. Alte Erinnerungen trieben ihn um. Alte Gefühle kamen in ihm hoch. Eines Tages griff er in seinen Geldbeutel und wählte die Nummer. Diesmal war er bereit, zuzuhören.

Sie redeten stundenlang miteinander. »Bruce«, sagte die Frau zu ihm, »Gott liebt dich so sehr, dass er seinen einzigen Sohn geschickt hat, um für deine Sünden zu sterben. Es ist ganz egal, was du getan hast, er wird dich annehmen. Er ist der einzige religiöse Führer, der keinen Grabstein auf seinem Grab hat. Er liebt es, Dinge auf den Kopf zu stellen, den Menschen einen neuen Anfang zu schenken, ein neues Leben mit Sinn und in Frieden.«

Als er an jenem Abend alleine am Küchentisch saß, schob Bruce einige Teller beiseite und faltete die Hände. »Jesus«, betete er, während ihm Tränen übers Gesicht liefen, »ich habe keine Ahnung, was du mit einem Kerl wie mir anstellen willst. Aber wenn du aus diesem Mist noch etwas Gutes machen kannst … hier bin ich … ich brauche dich … ich brauche dich ganz dringend.«

Manche Veränderungen kamen fast von selbst, andere brauchten Zeit. Bruce schüttelte ungläubig den Kopf, als er feststellte, wie gerne er die Bibel jetzt las, die er damals gegen die Wand geschleudert hatte. *Sie ist solide*, dachte er. *Unzerbrechlich.* Die Kirche wurde sein neuer Treffpunkt, und mithilfe seiner Freunde dort veränderten sich die Dinge allmählich. Er absolvierte einen Pflegekurs und fand Arbeit.

In jenem Jahr, im September, begnadigte ihn die Regierung vollständig.

»Ich war immer überzeugt, dass das die Folge davon war, dass ich zuerst durch das Blut Jesu begnadigt wurde«, meint Bruce. »Und sofort wurde mir klar, dass ich nichts lieber tun würde, als wieder ins Gefängnis zu gehen. Diesmal als Gefängnispfarrer.«

Als er eines Tages in der Kantine in der Schlange stand, sah er eine hübsche junge Frau aus Michigan. Er hatte keine Ahnung, dass Suzy verwitwet war und drei kleine Kinder und einen grauen Yorkshire-Terrier namens Morgan hatte. »Ich konnte mir mit 40 einfach nicht vorstellen, verheiratet zu sein, geschweige denn drei Kinder zu haben«, sagt er.

Suzy war auch noch nicht so weit. »Es dauert Jahre, bis man einen Mann richtig erzogen hat«, meint sie scherzhaft. »Ich wusste einfach nicht, ob ich noch einmal von vorne anfangen wollte.«

Am 15. Juli heirateten sie. Mit drei Kindern und einem wuscheligen Hund reisten sie von Michigan nach Victoria, Kanada. Nachts schliefen sie in einem Viermannzelt. Bruce lacht, als er mir das erzählt. »Jemand hat mir einmal gesagt, dass der kürzeste Satz ›Ja‹ ist und der längste ›Ich will‹. Aber unsere Ehe ist wunderbar. Sie ist nicht vollkommen. Sie ist nur das Zweitbeste, das ich je erlebt habe.«

Er hat einen Bibelvers auswendig gelernt. Einen, der ihm angemessen erschien: »Wer Gott liebt, dem dient alles, was geschieht, zum Guten« (Römer 8,28). Wie wahr das war. Seine neue Familie sollte schon bald erleben, wie er den Abschluss am theologischen Seminar machte. Ein Leben, das früher so voller Verzweiflung war, war jetzt so vielversprechend geworden.

Bruce lächelt, als er an diese Zeit zurückdenkt. Er schaut zum Fenster hinaus. Die Schneeflocken scheinen größer denn je zu sein. Sein Lächeln verschwindet. Ein Sturm braut sich zusammen.

Vier Monate nach seinem Abschluss saß Bruce in dem stickigen Büro eines Arztes und fühlte sich wie damals in der achten Klasse. Er konnte nur ungläubig vor sich hinstarren. Die Worte klangen so unwirklich, wie aus weiter Ferne.

»Sie haben Krebs, Bruce. Er ist unheilbar.«

Der Arzt räusperte sich.

»Ein Mesotheliom wurde noch nie erfolgreich behandelt. Es tut mir leid. Sie haben noch etwa vier Monate zu leben, wenn alles gut geht, vielleicht neun.«

Bruce sah dem Tod nicht zum ersten Mal ins Auge. Schmerzen kündigten sich an. Sein Traum, Gefängnispfarrer zu werden, zerplatzte. »Ich erinnere mich noch daran, wie ich dachte: *Ich werde niemals erleben, wie meine Kinder den Schulabschluss machen oder heiraten. Ich werde nie meine Enkelkinder auf den Arm nehmen.*«

Als er die Nachricht seinen Kindern überbrachte, herrschte fassungsloses Schweigen. Schließlich platzte Erin, die Jüngste, heraus: »Das ist schon mein zweiter Vater. Das ist ungerecht!«

»Sie hatte recht«, sagt Bruce. »Ich glaube, es gibt keine größere Herausforderung, als Gott zu vertrauen, wenn alles in mir sich gegen das auflehnt, was gerade passiert.«

Ein paar Tage, nachdem er die Diagnose erhalten hatte,

besuchte Bruce mich im Büro. »Ich hatte mir solche Hoffnungen gemacht ...«, fing er an und starrte dabei auf das Bücherregal über meinem Kopf. »Ich wollte Gefängnispfarrer werden ... etwas bewirken in dieser Welt ... Ich hatte noch so viel vor ...« Dann trat ein Lächeln auf sein Gesicht, und er kicherte. »Jetzt bleibt mir wohl nur noch eine Hoffnung.«

Als erst Wochen und dann Monate vergingen, machte Bruce sich daran, sich mit vielen auszusöhnen. Während seiner Zeit im Gefängnis hatte er viele Menschen verletzt. Jetzt durchsuchte er die Telefonbücher und bat sie um Vergebung. Zum ersten Mal hörten ihm seine Angehörigen zu, als er ihnen von Jesus erzählte. Und dann beschloss er, trotzdem Gefängnispfarrer zu werden.

Die Gefängniswärter mochten den sanftmütigen Prediger. So lange, bis er zum ersten Mal mit einer Sauerstoffflasche ankam. »Wenn er als Geisel genommen würde, könnte die Sauerstoffflasche als Bombe verwendet werden«, sagte einer. »Kein Problem«, meinten andere. »Bruce ist anders, wir machen das schon.«

Eines Tages saß Bruce ein paar Reihen vor mir im Gottesdienst, als einer seiner Schläuche plötzlich undicht war. Es klang als lasse man die Luft aus einem Luftballon. Die Menschen um ihn herum wussten nicht, was sie tun sollten. Bevor er den Schlauch reparierte, drehte er sich um und machte ein Gesicht wie »Hilfe, ich explodiere«. Wir mussten alle lachen. Und waren erleichtert.

Während ich meine Cola austrinke, bleibt ein kleiner Junge an unserem Tisch stehen. »Was ist das, Mister?«, fragt er und starrt auf die Sauerstoffflasche und die Schläuche.

Ich höre, wie sein Vater drängt: »Komm ... Starr den Mann nicht so an ... Geh weiter.«

Aber Bruce beugt sich zu dem Jungen und hält ihm

einen Schlauch hin. Der Junge nimmt ihn und fühlt, wie die Luft herausströmt. »Das ist Sauerstoff«, sagt Bruce. »Der hält mich am Leben.«

Der kleine Junge lächelt und schaut zu seinem Vater auf. »Kann ich auch so was haben?«, fragt er ihn.

Auf einem Ausflug nach St. Lucia blieben einige Menschen stehen und fragten Bruce, ob ihm ihre Luft nicht gut genug sei. Bruce lachte und erzählte ihnen von seiner Krebserkrankung. Und wo er hinging, wenn er seinen letzten Atemzug getan hatte.

Als er wieder zu Hause war, übertraf Bruce selbst die optimistischsten Prognosen seines Arztes. Er schien sein Leben zielgerichtet zu leben und hatte ganz besonders Freude daran, mit Häftlingen zu beten und Kindern zu helfen, die nicht so schnell lernten, wie ihre Eltern es sich wünschten. Wenn er in ein Klassenzimmer kam, liefen ihm die Kinder nach wie dem Rattenfänger von Hameln. »He, das ist der Typ mit der Maske!«, sagten sie. Bei den Olympischen Spielen stellte Bruce eine große kanadische Flagge auf und jubelte wild. Er lieh sich Filme von mir aus. Abenteuerfilme, Komödien. In seiner Familie stritten sie immer darum, wer in Bruces Stuhl, einem grünen, abgenutzten Schaukelstuhl, sitzen durfte. Aber wenn Bruce zu Hause war, war es sein Stuhl. »Es ist der beste Platz im ganzen Haus«, sagte er. Der Meinung war auch Morgan.

»Bist du nie entmutigt, Bruce?«, frage ich ihn, als ich meine zweite Cola leer trinke. »Bist du nie niedergeschlagen?«

»Oh doch«, erwidert er. »Aber ich führe ein Gebetstagebuch. Da sind Notizen, Bilder und Gebetsanliegen drin. Ich nehme es überall mit hin, und wenn ich entmutigt bin, dann schlage ich es auf und schreibe jemandem etwas oder bete für jemanden. Es gibt jede Menge Menschen, denen es viel schlechter geht als mir. Überleg mal – Michael Jackson musste dafür bezahlen, dass er in einem Sauerstoffzelt schlafen durfte. Bei mir zahlt die Krankenkasse. Außerdem wird das Ding hier irgendwann den Geist aufgeben. Dann bin ich zu Hause.«

»Hast du dich je gefragt, warum Gott das zugelassen hat?«

»Manchmal. Aber ich habe auch einen Frieden verspürt, den man nicht erklären kann. Ich habe Freunde, die sich um mich kümmern. Ich habe vier Jahre länger gelebt, als ich sollte. Und so wache ich jeden Morgen auf, und mir wird bewusst, dass der nächste Tag, den ich eigentlich gar nicht mehr erleben sollte, heute ist. Jeder Tag ist eine Zugabe. Ich durfte lange genug leben, um den Schulabschluss meiner Kinder zu erleben. Eines ist schon verheiratet. Und ich hatte das große Vorrecht, Erin vor ein paar Jahren zu taufen. Jetzt habe ich Zeit, das zu tun, was wirklich zählt. Ich bin reich gesegnet, wirklich. Ich glaube, was mir geholfen hat, ist, über mich selbst lachen zu können und meine Situation mit Humor zu nehmen. Es gibt keine bessere Medizin, als richtig zu lachen. Aber ich muss gestehen, dass ich jetzt müde werde. Der Himmel scheint mir jeden Tag attraktiver.«

Am 27. Dezember, drei Tage nach Weihnachten, schlief Bruce in seinem Lieblingsstuhl ein – und wachte im Himmel wieder auf.

Bei der Beerdigung saß eine junge Frau neben mir, die Bruce zum Glauben geführt hatte. Der Gottesdienst wurde für die Häftlinge in Bruces Lieblingsgefängnis auf Video aufgenommen. Und Bruce hatte den ganzen Gottesdienst geplant, bis hin zu den Worten, die vorne auf dem Liedblatt standen. Es waren Worte, die der tschechische Ministerpräsident, Vaclav Havel, im Gefängnis geschrieben hatte:

Hoffnung ist definitiv nicht das Gleiche wie Optimismus.
Es ist nicht die Überzeugung, dass etwas noch gut
ausgehen wird, sondern die Gewissheit, dass etwas Sinn hat,
ganz gleich, wie es ausgeht.

Ich werde meinen Freund vermissen. Wenn Sie Bruce gekannt hätten, wüssten Sie warum. Sein Gesicht strahlte Freude aus. Sein Leben verbreitete Hoffnung. Bruce war die Art Mensch, bei dem es sogar dem Totengräber leidtut, ihn zu begraben.

Eines Nachts träumte ich von Bruce. Er war im Himmel, umgeben von Freunden und Verwandten, Häftlingen und kleinen Kindern. Die Sauerstoffflasche war weg, aber er saß in seinem Lieblingsschaukelstuhl und lachte über die schlechten alten Zeiten.

»Schön, dich zu sehen«, sagte er. »Komm zu uns … Ich habe den besten Platz im ganzen Haus.«

30 Familientreffen

Mach das Licht an, ich will nicht im Dunkeln
nach Hause gehen.
LETZTE WORTE DES SCHRIFTSTELLERS
WILLIAM SYDNEY PORTER ALIAS O. HENRY
(1862-1910).

Als sich der Gesundheitszustand meiner Frau so drastisch verbesserte, war mir klar, dass wir das irgendwie feiern mussten. Wir machten zweierlei: Ich ging mit ihr noch einmal in jenes 119-Dollar-Hotelzimmer, in dem wir während dieser so schwierigen Phase unseres Lebens unseren zehnten Hochzeitstag verbracht hatten. Und wir luden die Familie meiner Frau zu einem Familientreffen zu uns ein.

Dazu müssen Sie wissen, dass Familientreffen noch nie mein Ding gewesen waren. Ich hatte sogar kurz überlegt, dieses Treffen zu schwänzen. Ich sagte Ramona, dass ich etwas anderes vorhatte. Ich wollte angeln gehen. Ich wollte Ruhe, Frieden und Forellen. »Das sind die Menschen, mit denen ich aufgewachsen bin«, sagte sie. »Du kannst ja angeln gehen, aber dann nimm deinen dicken Anorak mit, damit du gleich draußen überwintern kannst.« Und so beschloss ich, nach einem langen Spaziergang und viel Gebet, ihren Rat zu befolgen.

Am Donnerstagabend trudelten die Verwandten ein. Sie kamen in ganzen Busladungen und brachten dicke Fotoalben mit. Alle umarmten sich, lachten, machten Fotos und … hatte ich umarmen schon? Wir Männer standen herum und redeten über Golf und das schlechte Wetter. Die Frauen machten noch mehr Fotos, planten den Freitag und umarmten sich dann immer wieder.

Spät abends, als es dunkel wurde, wurde der trostlose Nieselregen stärker. »Vielleicht sollten wir die Familienfeier abblasen«, schlug ich vor, als ich am Fenster stand und zum Himmel hochblinzelte. »Ich glaube, ich höre, wie jemand eine Arche baut.«

»Sehr witzig«, sagte Ramona und legte ihren Arm um mich. Ich sah zu ihr hinunter und sah, dass sie Tränen in den Augen hatte.

»Habe ich etwas Falsches gesagt?«

»Nein«, erwiderte sie. »Ich möchte nur … können wir zusammen beten? Ich muss mit Gott reden.«

Als ich sie so in die Wolken starren sah, musste ich an einige Dinge denken, die wir versucht hatten, zu vergessen. Die teuren Karten für das Passionsspiel morgen. Es war eine Freiluftveranstaltung, die drohte, vom Regen davongespült zu werden. »Ich habe mich schon seit Monaten darauf gefreut«, sagte sie. »Ich wünsche mir so sehr, dass meine Familie das Stück sieht … die Geschichte von Jesus … seine Wunder … seine Auferstehung.«

Ich musste sie nicht fragen, warum.

Chorea Huntington ist für diese Familie inzwischen eine alltägliche Realität geworden. Der Tod ist ihr ständiger Begleiter. Der Himmel, der früher strahlte, war jetzt wolkenverhangen. Nacheinander hatte man die Krankheit bei drei von Ramonas Geschwistern festgestellt. »Nur Gott allein weiß, wie oft wir noch so zusammenkommen werden …

hier auf dieser Erde«, sagte sie und nahm meine Hand. »Ich möchte, dass sie sich immer daran erinnern.« Dann betete sie laut für ihren Bruder Dennis, der zusammengerollt im Bett in einem Pflegeheim lag. Und für ihre beiden geliebten Schwestern, die zur Familienfeier gekommen waren. Ramona betete, dass ihnen ihre fröhliche Natur trotz dieser schrecklichen Erbkrankheit auch weiterhin erhalten blieb.

Und sie betete für Sonne.

Ich hörte zu.

Aber ich muss gestehen, dass mein Glaube kleiner war als die Regentropfen, die gegen das Fenster prasselten.

Am Freitagmorgen war es heiß und sonnig.

In Florida.

Aber wo wir wohnen, goss es in Strömen. Zehn Zentimeter in zwei Tagen. Das sei ein Rekord, sagten manche. Ramona betete auch beim Frühstück und beim Mittagessen wieder. Der Himmel öffnete seine Schleusen noch weiter. Am Nachmittag setzten wir uns in unsere Boote (na ja, das ist ein bisschen übertrieben) und fuhren in die nahegelegene Stadt, Drumheller. »Das versteht man wohl unter einem Fahrzeugpool«, sagte ich zu meiner Frau. Sie erwiderte nichts. Also beschloss ich, die Stimmung mit einem guten Witz etwas aufzuheitern.

»In Alberta werden die Menschen nicht von der Sonne braun«, erklärte ich, »sondern vom Rost.«

Niemand lachte. Gar niemand. Ich stellte die Scheibenwischer eine Stufe schneller und versuchte es mit anderen Witzen.

»Wenigstens brauchen wir unseren Rasen dieses Jahr nicht sprengen. Wir legen Drainagegräben.«

Nicht einmal ein Kichern.

»Das Wasser ist knapp. Es reicht uns nur bis zu den Knien.«

Kein Ton zu hören.

»Der Sommer war dieses Jahr sehr kurz. Er dauerte vom 8. Juni bis zum 8. Juni.«

Es lachte immer noch keiner.

Schließlich legten wir beim Naturkundemuseum an, das weltweit für seine riesige Sammlung toter Dinosaurier bekannt ist. Für 20 Dollar konnte die ganze Familie die Überreste sehen und sich todlangweilige Vorträge anhören. Nach einer Stunde ist das in etwa so spannend, wie Käse beim Schimmeln zuzusehen. Also trommelte ich die Cousinen und Cousins unserer Kinder zusammen und erfand meinen eigenen Vortrag. »Vor etwa 60 Zillionen Jahren (plus/minus ein paar Monate) streifte dieser Dingsdasaurier über die Hügel, fraß Insekten, Tomaten und kleine Kinder. So haben sie es auch geschafft, sich auszurotten. Sie fraßen ihre eigenen Kinder.« Dann machte ich furchterregende Geräusche und jagte die Kinder mit ausgestreckten Klauen.

Um sechs Uhr verließen wir das Museum durch den Ausgang im Souvenirladen (praktisch, nicht?), und ich traute meinen Augen nicht: Die Sonne war herausgekommen.

Ramona schien nicht besonders überrascht. »Das habe ich mir gedacht«, sagte sie grinsend.

Ein paar Kilometer von den Dinosauriern entfernt, saßen wir in einem natürlichen Amphitheater, die Sonne schien uns auf den Rücken und unsere Regenschirme blieben geschlossen.

Ganze drei Stunden blieb es an diesem Wochenende trocken. Drei Stunden lang folgten wir der Geschichte von Jesus. Wir sahen, wie er die Pharisäer kritisierte, mit Kindern lachte und Maria Magdalena heilte. Und dann sahen wir entsetzt zu, wie sie ihn ans Kreuz nagelten. Die Engel wandten sich ab. Die Menge jubelte und ging weg.

Und dann ... überraschte er die ganze Welt.

Links und rechts von mir saßen die Schwestern meiner Frau. Zwei Frauen, die sich gemeinsam mit ihren Männern und Kindern nichts sehnlicher wünschen, als geheilt zu werden. Aber an diesem Abend wurde mir schlagartig klar, dass sie etwas viel Besseres hatten. Sie hatten Hoffnung. Eine Hoffnung, die man nicht in einem Museum voller alter Knochen findet, sondern dort, wo das Grab leer ist. Hoffnung, die man in der Geschichte eines leidenschaftlichen Retters findet, der gestorben ist, um die Welt zu heilen.

Auf dem Parkplatz merkte Jeffrey, dass ich sehr ernst war. »Ich habe Petrus hinter der Bühne gesehen«, sagte er. »Er hat eine Zigarette geraucht.« Wir lachten alle laut. »Wenn irgendeiner der Jünger geraucht hätte«, sagte ich, »dann wäre es Petrus gewesen.«

Auf dem Heimweg öffnete der Himmel wieder die Schleusen, und es regnete. Aber das war uns egal. Als ich den Tempomat einschaltete, überholte uns ein Auto. Auf dem Nummernschild stand das eine Wort, mit dem sich dieser Tag wohl am besten zusammenfassen ließ: HOFFNUNG.

»Schau mal«, sagte ich zu Ramona. Und sie sah es.

»Bist du froh, dass du nicht angeln gegangen bist?«, fragte sie mit einem Zwinkern.

»Bestimmt«, erwiderte ich. »Ich würde eine Familienfeier jederzeit vorziehen.« Dann fügte ich hinzu: »Würdest du für morgen beten? Ich möchte gerne Golf spielen gehen.«

Stinktier-Vertreiber

Einige Gebete, die Kinder tatsächlich an Gott geschrieben haben:

Lieber Gott,
müssen bei dir auch die Engel alle Arbeit machen? Mama sagt
immer, wir seien ihre Engel, und wir müssen alles machen.
LIEBE GRÜSSE, MARIA

Lieber Gott,
bitte lege noch einen Feiertag zwischen Weihnachten und
Ostern. Bis jetzt gibt es da noch nichts Gutes.
MIKE

Lieber Gott,
als du die Erde geschaffen hast und die Menschen drauf
gesetzt hast und alle Tiere und das Gras und die Sterne, warst
du da hinterher sehr müde? Ich habe noch ganz viele Fragen.
VON HERZEN, DEIN SHERMAN

Lieber Gott,
vielleicht würden Kain und Abel sich nicht dauernd umbringen,
wenn jeder sein eigenes Zimmer hätte. Bei meinem Bruder
und mir hat das geholfen.
LIEBE GRÜSSE, SHARON

Lieber Gott,
ich bin nicht selbstsüchtig, aber bitte lass mich wachsen.
Ich bin zu klein. Wenn du das machst, werde ich lieb zu
meinem Bruder sein.
SUZANNE, 6 JAHRE

Lieber Gott,
mein Großvater lebt nicht mehr seit ich drei Jahre alt war.
Wie geht es ihm?
LIEBE GRÜSSE, REBECCA, 8 JAHRE

Lieber Gott,
warum ist das Gras grün? Wie hast du die Wolken gemacht?
Was isst du?
DANNY, 4 JAHRE

Lieber Gott,
manchmal denke ich sogar an dich, wenn ich nicht bete.
LIEBE GRÜßE, CHESTER

Schlusswort

Eines Abends habe ich meine Frau gefragt, ob ich ihre Geschichte erzählen darf. Für einen verheirateten Buchautor ist das ein guter Rat. Dadurch war es mir möglich, die letzten 23 Jahre die gleiche Adresse wie meine Frau zu haben. Sie dachte kurz darüber nach und lächelte dann. »Klar«, sagte sie. »Wenn es auch nur einem Menschen hilft, dann tu es ruhig.«

Keiner von uns beiden wusste, was passieren würde. Wir konnten nicht ahnen, dass so viele Menschen ihre Geschichte in Zeitschriften, im Fernsehen, im Radio und bei meinen Vorträgen lesen und hören würden. Wir wussten nicht, dass uns die Menschen Briefe schreiben würden, um uns zu sagen, dass sie dadurch zum Glauben gefunden hatten. Aus den schlimmsten Situationen kann das Beste werden. Wir geben Gott alle Ehre dafür.

Aber unsere Kämpfe sind noch lange nicht vorbei. Erinnern Sie sich noch an das Stinktier, das mein Freund und ich im Kofferraum unseres Lehrers versteckt hatten? Unser Lehrer würde sich bestimmt freuen, wenn er wüsste, dass jetzt eines 20 Meter von unserem Haus entfernt lebt.

Solange wir dieses Problem nicht im Griff haben, wird es uns eindrucksvoll unter die Nase reiben, dass ein wenig Lachen viel bewirken kann, was unsere Einstellung angeht. Dass Angst in Ordnung ist, wenn sie uns ins Gebet treibt.

Dass starke Wurzeln am besten in dunklen Zeiten wachsen, und dass wir in den schwersten Zeiten mehr haben, als wir denken ... wenn wir Hoffnung haben.

Vielleicht hat sich bei Ihnen in letzter Zeit ein Stinktier eingenistet. Vielleicht ist der Gestank auch schon wieder verflogen. Aber ich möchte Ihnen zum Schluss noch ein Geheimnis verraten.

In einem deutschen Kriegsgefangenenlager haben gegen Ende des Zweiten Weltkriegs amerikanische Gefangene notdürftig ein Radio zusammengebaut und damit schwere Strafen, vielleicht sogar den Tod riskiert, um die willkommenen Nachrichten aus der Ferne zu hören. Eines Tages kam die glorreiche Nachricht, dass das deutsche Oberkommando sich ergeben hatte und damit dieser lange, bittere Krieg beendet war, der etwa 60 Millionen Menschen das Leben gekostet hatte.

Leider hatten die deutschen Wachen, wegen des Zusammenbruchs der Kommunikation, noch nichts davon gehört. Als sich die Nachricht rasch unter den Gefangenen verbreitete, brach lauter Jubel aus. Als sie Hoffnung schöpften, fingen sie an zu singen. Sie winkten den verwirrten Wachen zu, lachten die Schäferhunde aus und machten Witze über ihre dürftigen Mahlzeiten. Am vierten Tag wachten sie auf und stellten fest, dass alle Deutschen geflohen waren und die Tore offen standen.

Der Krieg war vorbei. Die Zeit des Wartens war vorüber.

Auch ich war ein Gefangener meiner Probleme. Während dieses Buch in den Druck geht, haben wir die Nachricht erhalten, dass Ramonas Bruder, Dennis, gestorben ist. Wenn ich heute meinen Computer ausschalte, werde ich bei meinen Eltern am Bett sitzen, die an Demenz leiden. Sie werden versuchen, sich mit mir zu unterhalten, aber die einzigen Worte, die sie noch haben, sind ihre Tränen.

Und trotzdem umgibt mich Frieden. Losgelöst von der Geschichte, die ich Ihnen hier erzählt habe, kann ich diesen Frieden nicht erklären.

Jeder von uns wird Krisen erleben. Die Sterblichkeitsrate der Menschen liegt bei 100 Prozent. Das nimmt schon epidemische Ausmaße an. Aber warum sollte ich mit Angst und Sorge darauf reagieren?

Ich habe es im Radio gehört. Der Krieg ist vorbei.

Ich kenne das Ende der Geschichte. Der Feind ist besiegt.

Die Wachen wissen es vielleicht noch nicht, aber ich weiß es. Wer mich sieht, den verwirrt mein Lachen vielleicht, aber es ergibt Sinn.

Ich habe das Vorrecht, jedes Jahr zu unzähligen Gruppen zu sprechen. Viele der Menschen glauben nicht an Gott. Aber in letzter Zeit ist mir aufgefallen, dass die Christen herzhafter lachen. Ich habe gesehen, wie sie vom Stuhl gefallen sind. Und ich glaube, ich weiß warum. Die Welt um uns herum lacht, um zu vergessen. Christen lachen, weil sie sich daran erinnern, dass das Wichtigste schon am Kreuz erledigt wurde, von unserem Herrn, Jesus Christus. Wir sind frei und können uns freuen.

Ein paar Tage müssen wir noch durchhalten und auf sein Kommen warten. Aber es wird Zeit, dass wir entsprechend der guten Nachricht, die wir gehört haben, handeln. Es wird Zeit, dass wir der Welt erzählen, dass der Krieg vorüber ist. Es wird Zeit, dass wir ihnen zeigen, wie wahre Freude aussieht.

Es wird Zeit, mit dem Feiern anzufangen.

Was wir jetzt leiden müssen, dauert nicht lange und ist leicht zu ertragen in Anbetracht der unendlichen, unvorstellbaren Herrlichkeit, die uns erwartet. Deshalb lassen wir uns von dem, was uns zurzeit so sichtbar bedrängt, nicht ablenken, sondern wir richten unseren Blick auf Gottes neue Welt, auch wenn sie noch unsichtbar ist. Denn das Sichtbare vergeht, doch das Unsichtbare bleibt ewig.

2. KORINTHER 4,17-18